Sebastian Friedrich | Anna Müller

# Sag mir, was du magst, und ich verrate dir, wer du bist

Sebastian Friedrich | Anna Müller

# Sag mir, was du magst, und ich verrate dir, wer du bist

## Was Vorlieben über unsere Persönlichkeit aussagen

mvgverlag

**Bibliografische Information der Deutschen Nationalbibliothek:**
Die Deutsche Nationalbibliothek verzeichnet diese Publikation in der Deutschen Nationalbibliografie; detaillierte bibliografische Daten sind im Internet über http://d-nb.de abrufbar.

**Für Fragen und Anregungen:**
info@mvg-verlag.de

1. Auflage 2015


Nymphenburger Straße 86
D-80636 München
Tel.: 089 651285-0
Fax: 089 652096



Redaktion: Dr. Carina Heer
Umschlaggestaltung: Kristin Hoffmann
Umschlagabbildung: iStockphoto
Satz: Carsten Klein
Druck: CPI books GmbH, Leck
Printed in Germany

ISBN Print 978-3-86882-550-3
ISBN E-Book (PDF) 978-3-86415-717-2
ISBN E-Book (EPUB, Mobi) 978-3-86415-718-9

Weitere Informationen zum Verlag finden Sie unter

www.mvg-verlag.de
Beachten Sie auch unsere weiteren Verlage unter
www.muenchner-verlagsgruppe.de

# Inhalt

# Ein paar Worte zu Beginn

*»Es gibt keine zweite Chance für den ersten Eindruck.«*
Arthur Schopenhauer

Wer kennt das nicht, man sitzt in einem Café und beobachtet. Dabei sieht man die unterschiedlichsten Menschen in den verschiedensten Rollen. Und ganz schnell erkennen wir: Diese Person wirkt auf mich anziehend – mit jener möchte ich nicht so viel zu tun haben.

Es gibt viele Methoden herauszubekommen, wie andere Menschen ticken. Manche schwören auf Horoskope, andere verlassen sich auf ihre Intuition oder greifen auf (semi-)professionelle Hilfe zurück. Doch im Café ist das Einzige, das unmittelbar zur Verfügung steht, das äußere Erscheinungsbild und Auftreten.

Bei der Beobachtung entdeckt man sehr viele Details, die aufschlussreich sind, was den Charakter einer anderen Person betrifft. Nichts ist Zufall. Jede Entscheidung gibt ein kleines bisschen von der Persönlichkeit preis. Welche Krawatte trägt dieser Mann? Welche Zigarette raucht jene Frau?

Aufgrund unserer Leidenschaft fürs Detail haben wir uns zusammengetan, um unsere Erfahrungen in diesem Buch festzuhalten. Wir? Das sind eine Pädagogin und ein Psychiater, die über ihr Interesse an Menschen und deren expressiven Ausdrucksweisen zusammengefunden haben. Wir lieben es beide, uns an öffentlichen Plätzen aufzuhalten und zu beobachten. Dieses gemeinsame Faible hat uns über Umwege zusammengeführt und nach langen Gesprächen dazu veranlasst, unsere gemeinsamen Beobachtungen festzuhalten. Dieses Buch soll nicht nur unterhalten, sondern auch den Blick des Lesers für bestimmte Dinge schärfen. Denn frei nach Theodor Fontane »sieht man nur das, was man weiß«.

Es ist sehr interessant zu sehen, wie viel Aufschluss äußere Attribute oder Lebensweisen über die Persönlichkeit geben. Denn in der Psyche des Menschen gibt es durchaus Phänomene, die in der Naturwissenschaft nicht ausreichend dargestellt werden können. In der Verhaltenspsychologie geht es zum Beispiel darum, menschliches Verhalten aufgrund statistischer Häufungen vorherzusagen. Dabei beschäftigen sich viele Forscher mit der Körpersprache, wie zum Beispiel, welche Gestik und Mimik Lügen verraten. Aber unsere täglichen Angewohnheiten enthüllen noch viel mehr über unsere Persönlichkeit.

In diesem Buch haben wir stellvertretend ein paar Beispiele herausgenommen. Eigentlich geht es nicht nur darum, bestimmte Verhaltensweisen und Vorlieben zu beurteilen. Es geht darum, ganz genau hinzusehen. Eine Liebe fürs Detail zu entwickeln – und diese Fähigkeit dann auch in anderen Bereichen anzuwenden.

Daher sind die Analysebeispiele auch als Anleitung zu verstehen. Als Inspiration dafür, was man alles entdecken und herauslesen kann, wenn man nur genau genug hinschaut.

Denn, wie gesagt, man sieht im Leben immer nur das, was man weiß.

## Was die Wahl des Rauchwerks über den Raucher enthüllt …

Rauchen ist ungesund, das weiß mittlerweile jedes Kind. Was aber viele nicht wissen, ist, dass man über die Gewohnheiten eines Rauchers einiges über seine Person erfahren kann.

Den Anfang macht die Wahl der Marke, und schon hier gibt es große Unterschiede. Es gibt die markentreuen Menschen, die während ihrer gesamten Raucherlaufbahn bei einer Marke bleiben und darauf schwören, dass nur diese bestimmte Marke die einzig wahre ist und dass sie die anderen sogar eher schlecht vertragen. Seien es nun ein Kratzen im Hals oder Verdauungsbeschwerden – all das glauben die Raucher nach der vermeintlich falschen Zigarette zu verspüren, obwohl zahlreiche Experimente inzwischen haben zeigen können, dass selbst treueste Raucher ihre Zigarettensorte nicht aus einer größeren Auswahl am Geschmack erkennen können.

Sofort stellt sich die Frage: Was steckt hinter dieser bedingungslosen Treue? Angst vor dem Neuen oder eine Erkenntnis, die im Laufe der Zeit erlangt wurde? Ist Letzteres der Fall, musste die betreffende Person zuerst verschiedene Marken ausprobieren, um dann diese Markentreue zu entwickeln. Verbirgt sich gerade hinter dieser Treue also vielleicht doch Experimentierfreudigkeit?

Und welche sind die Merkmale einer Marke, um einen bestimmten Typ Mensch anzuziehen?

Abgesehen von Geschmack und den verschiedenen Verarbeitungsmethoden spielt unterbewusst auch die Botschaft, die ein Label transportiert, eine wichtige Rolle. Die Wahl der Marke ist dabei mitunter auch eine Prestigefrage, denn die bekannten Labels sind weitaus beliebter, wenn auch teurer, als No-Name-Produkte. Teilweise geht die Diskussion der Markenprodukte so weit, dass bestimmte politische Hintergründe der verschiedenen Produkte den ein oder anderen dazu bewegen, sich für eine bestimmte Marke zu entscheiden. Bestimmte politisch unkorrekte Aspekte sollen dann nicht unterstützt werden. Teilweise bezieht sich die Abneigung gegenüber bestimmten Labels auch auf die generelle Politik des Herstellerlandes.

Doch damit sind wir fast schon zu tief in der Materie. Tun wir einen Schritt zurück. Denn eines ist den Rauchern selbst häufig nicht klar: was hinter der Entscheidung für das Rauchen ganz im Allgemeinen steht. Was ist es, das die elementarsten Instinkte wie den Drang zur Selbsterhaltung einfach nicht mehr greifen lässt?

Denn im Grunde handelt es sich beim Rauchen wie bei jeder Sucht um ein autoaggressives Verhalten. Der Betroffene fügt seinem Körper trotz besseren Wissens Schaden zu. Psychoanalytisch könnte man dieses Verhalten auch mit dem von Freud entwickelten Gedanken des Todestriebes erklären. Denn dieser beinhaltet auch die Merkmale der ritualisierten Wiederholung einer selbstzerstörerischen Handlung, gleich einem Zwang. Fragt man bei Rauchern nach, können sie das bestätigen – sie brauchen die immer gleichen Handlungen und teilweise Angewohnheiten rund um das Rauchen beinahe genauso wie das Rauchen an sich. Man kann also damit sagen, dass das selbstzerstörerische Verhalten in Kombination mit dem Zwang und der Ritualisierung dem Konzept Freuds sehr nahe kommt – selbst wenn die Theorie des Todestriebes auch heute noch sehr umstritten und nicht gänzlich geklärt ist.

Festzuhalten bleibt in diesem Kontext jedoch, dass die Sucht des Rauchens oft von Schuldgefühlen begleitet wird. Obwohl manch einer seinem Zigarettenkonsum freien Lauf lässt und erklärt, dass das Rauchen für ihn Genuss ist, haben doch viele bei jeder Zigarette ein schlechtes Gewissen. Man nimmt sich immer wieder vor aufzuhören. Auch das gehört bei vielen Menschen zum Rauchen – die Angewohnheit, immer wieder aufgeben zu wollen. Dies gelingt den Rauchern in den seltensten Fällen. Folgerichtig wird ihnen gerne unterstellt, sie hätten wenig Selbstkontrolle und wären egoistisch den anderen (Nichtrauchern) gegenüber, denen sie nicht nur den Geruch, sondern auch die Anpassung an die festen Rituale der Raucher zumuten (»Noch schnell eine Kippe vor der U-Bahn«). Über diese allgemeinen Einschätzungen hinausgehend, sollte man jedoch etwas genauer hinsehen und auch die vielleicht versteckten Wünsche und Bedürfnisse hinter dieser Sucht sehen – daher lohnt sich ein Blick auf die Zigarettenmarken, die so vieles über den jeweiligen Raucher – sei er nun männlich oder weiblich (wir orientieren uns in diesem Buch am generischen Maskulinum) – verraten können.

## Marlboro:

Der Marlboro-Raucher legt bei sich und anderen strenge Maßstäbe an, denen nicht leicht zu entsprechen ist. Er ist gerne in Gesellschaft und im Grunde ehrlich und offen anderen gegenüber. Trotz dieser Vorliebe für das Gesellige ist er im Grunde seines Herzens Individualist, ein einsamer Cowboy mit hohen Ansprüchen an sich selbst. Harte Arbeit macht ihm nichts aus und er begrüßt jede neue Gelegenheit, Verantwortung zu übernehmen. Er fühlt sich allen Anforderungen gewachsen.

Dabei gehört er nicht zu den sich zur Schau stellenden Wohltätern, sondern er agiert in der Regel eher im Verborgenen. Manchmal wirkt er dadurch distanziert und unpersönlich.

Sein Umfeld erlebt ihn dennoch in der Regel als bezaubernd, unterhaltend und fantasievoll, wenn auch manchmal eigensinnig.

Er hat einen Hang zum Okkulten und trägt ein tiefes Bedürfnis nach Liebe und Kameradschaft in sich.

Körperlichkeit hat einen hohen Stellenwert für ihn, jedoch sucht er meist den vollkommenen Gefährten vergebens. Denn er sehnt sich nach einem Partner, der es ihm ermöglicht, wirklich individuell zu bleiben.

Er liebt die schönen Dinge des Lebens, einschließlich der Schönheit des Körpers. Er braucht Bewunderung und ist sehr ordentlich. Häufig befindet er sich auf einer Jagd, sei es nach Geld, Anerkennung oder Bestätigung. Während sich der Partner noch in den zerwühlten Laken einer perfekten Liebesnacht rekelt, ist der Marlboro-Raucher schon auf dem Weg zu neuen Abenteuern.

## Camel:

Der Camel-Raucher ist kein Einzelgänger. Er ist großzügig, aufgeschlossen und interessiert sich stark für andere Menschen und Kulturen. Er hat viele Freunde und liebt es, die ganze Nacht über Probleme zu sinnieren und zu diskutieren. Seine Stärken sind die Neugierde, sein Erfindungsreichtum und seine Hilfsbereitschaft.

Um seine Freundschaft zu erlangen, bedarf es etwas Zeit. Denn Freundschaft ist für den Camel-Raucher auch immer Leidenschaft, und solche Bindungen entstehen nicht beim ersten Treffen.

Sein Antrieb ist nicht schneller Starkstrom, sondern langmütiger, gewissenhafter und ausdauernder Gleichstrom. Konformismus wird man bei ihm vergebens suchen.

Aufgrund seiner Reiselust wäre es verlorene Liebesmüh, den Camel-Raucher festnageln zu wollen. Freiheit und Unabhängigkeit sind ihm auch in festen Beziehungen sehr wichtig.

Sein Weltwissen verführt ihn immer wieder, andere von seiner Meinung überzeugen zu wollen.

Der Camel-Raucher ist zärtlich und kann sich in seinen Partner hineinversetzen. Leider verliert er sich dabei eher im Träumen als im Tun und wird so oft Opfer seiner zu hohen Erwartung. Wenn man die Zügel locker lässt, hat man an ihm einen treuen und glücklichen Partner, der scharfsichtig den Herausforderungen des Lebens trotzt.

## Gauloises:

Frei nach dem Markenmotto »Liberté toujours« (»Freiheit jeden Tag«) lässt sich der Gauloises-Raucher nur äußerst ungern und selten Vorschriften machen. Er ist lustbetont und hat eine magische Ausstrahlung. Dabei hat er die Komplexität der Dinge stets im Blick und reagiert beleidigt, wenn man es ihm zu einfach macht.

Er ist nicht zimperlich, wenn er sich im Recht fühlt, und besticht durch Ausdauer und Leidenschaft. Ihm scheinen keine Grenzen gesetzt zu sein, oft lebt er nach dem Grundsatz »Alles oder nichts«. Er liebt Herausforderungen, wobei er, wenn er sich etwas in den Kopf gesetzt hat, zu einem unerbittlichen, unbeherrschbaren, aber auch leidenschaftlichen Akteur werden kann. Schranken gibt es für ihn nicht – Prüderie duldet er nicht.

In der Partnerschaft ist er heiß begehrt, aber schwierig. Er liebt das Spiel des Eroberns und Unterwerfens und dafür braucht er keine außergewöhnlichen Praktiken, sondern kommt sehr direkt zu Sache. Für den Akt ist kein Bett notwendig, der spontane Quickie an ungewöhnlichen Orten ist seine Spezialität. Dabei geht ihm aber immer Qualität vor Quantität.

Mit wohldosierten Komplimenten und Schmeicheleien gelingt es ihm, beinahe jeden um den Finger zu wickeln. Am Ende geht es ihm nicht nur um die Eroberung, sondern um die dauerhafte Dominanz.

## Lucky Strike:

Raucher der Marke Lucky Strike gehören zu den Draufgängern. Sie lassen keine Gelegenheit aus, das Leben in vollen Zügen zu genießen und dabei ihr Schicksal herauszufordern.

Sie arbeiten meist in Berufen, in denen Mut, Härte und Durchhaltevermögen gefragt sind. Wo es um Leben und Tod geht, sind Anhänger dieser Marke zu Hause. Sie scheuen kein Risiko, ihnen ist kein Weg zu lang, keine Herausforderung zu groß.

Dennoch ist für den Lucky-Strike-Raucher immer das Wohl der Familie Hauptthema seines Strebens. Auch sonst sind nicht Geld oder Ansehen das Ziel, sondern vielmehr übergeordnete Werte wie Tradition und Umweltbewusstsein. Verlangt ein Beruf Mitgefühl für Kranke und Außenseiter, ist der Lucky-Strike-Typ gefragt. Durch sein hohes Maß an Empathie kann er sich in alle denkbaren Situationen hineinversetzen und steht jedem, der seine Unterstützung braucht, mit Rat und Tat zur Seite.

Lucky-Strike-Raucher sind Menschen zum Pferdestehlen. Sie stehen mit ihrer ganzen Person hinter einmal eingegangenen Freundschaften und Beziehungen.

Raucher dieser Marke sind beim Liebesspiel nicht gerade zimperlich. Sie hinterlassen bei ihren Liebespartnern nicht nur eine bleibende Erinnerung an heiße Nächte, sondern auch deren Spuren. Am liebsten haben sie zwar Sex in einem weichen und bequemen Bett, wenn sie aber die Lust überkommt, ist es ihnen egal, ob das Liebesspiel auf dem Wohnzimmerteppich oder einer öffentlichen Toilette stattfindet. Dabei brauchen sie keine Stellungen des *Kamasutras* zu zelebrieren, sondern leben ihre Sexualität triebhaft und wild aus.

Ihre Meinung vertreten sie gerne und eindrucksvoll. Sie sind von einem starken Willen geprägt – ihre Welt ist eine Welt geistiger Bilder, eine Welt der Vorstellungen und Ideale.

Dieser Charakter ist stets bestrebt, die Realität seinen Vorstellungen anzupassen. Das bedeutet aber auch, dass dieser Mensch durch seinen Zynismus die wunde Stelle seines

Gegenübers treffen kann. Auch seine Ambivalenz ist für seine Mitmenschen nur schwer auszuhalten. Lucky-Strike-Typen, bei denen diese Wesenszüge besonders ausgeprägt sind, neigen dazu, in eine gewisse Form der Tyrannei abzudriften. Haben sie sich einmal für oder gegen etwas oder jemanden entschieden, bleibt es dabei. Das heißt, es kann länger dauern, bis sich dieser Typ entscheidet. Wenn er es dann aber getan hat, ist es für immer.

## Dunhill:

Der typische Dunhill-Genießer unterstreicht mit seiner Markenwahl seinen unbewussten Hang zum Besonderen. Er ist ein gern gesehener Gast bei Veranstaltungen, bei denen er durch Eloquenz, Charme und seine lässige Leichtigkeit des Seins besticht. Obwohl er über den Dingen zu schweben scheint, ist er ein Segen für jede Firma. Er ist äußerst kreativ und kann mit immer neuen und außergewöhnlichen Ideen aufwarten.

Er liebt den Luxus und zieht eine entsprechende Lebensweise allen anderen Dingen vor. Leider führt das oft zu einer Fehleinschätzung der eigenen Person, was dazu führen kann, dass der Dunhill-Raucher oft als oberflächlich und arrogant gesehen wird. Er sehnt sich geradezu nach Beifall und Bewunderung und schießt dabei auch manchmal über das Ziel hinaus.

Trotzdem weiß er natürlich, wie er sein strahlendes Lächeln und seine Anziehungskraft am besten einsetzen kann. Er spielt mit seinem Talent, andere um den Finger zu wickeln, ist dabei aber fast unnahbar. Nur selten gelingt jemandem ein Blick hinter die perfekte Fassade.

In der Partnerschaft ist der Dunhill-Raucher eher der Genießer, der sich gerne verwöhnen lässt. Allzu großes Interesse für neue Praktiken ist von ihm eher nicht zu erwarten, denn sein Hauptziel liegt in der Eroberung.

In einer Beziehung braucht er von seinem Gegenüber viel Bestätigung und am Ende sogar Führung, um den Bezug zur Realität nicht zu verlieren. Sein geradezu spielerischer Umgang mit seiner Außenwirkung raubt ihm nur allzu oft den Blick für das Wesentliche. Hat er einmal Vertrauen gefasst, weiß er jedoch genau, wo er hingehört.

Seinen Urlaub verbringt er bevorzugt in luxuriösen Hotels in den Metropolen dieser Welt. Dabei ist er immer bereit, diese angenehmen Seiten des Lebens mit seinen Lieben zu teilen.

## Moods:

Moods-Raucher sind humorvolle und charmante Menschen. Sie lieben die Geselligkeit und fühlen sich in Gruppen am wohlsten. Sämtliche Aktivitäten des Alltags machen sie am liebsten gemeinsam mit anderen. Sie sind kreativ, spontan und offen für alles Neue.

Durch ihren Enthusiasmus bringen sie viele Dinge ins Rollen, aber leider hindert sie ihr mangelndes Durchhaltevermögen nur zu oft an der Fertigstellung.

Energie, Ehrgeiz und Hartnäckigkeit beflügeln sie, ihre Ideen schnell anzugehen, dabei sind sie durchaus in der Lage, andere zu manipulieren und sich über etablierte Gepflogenheiten hinwegzusetzen. Damit stoßen sie nicht immer auf Begeisterung.

Der Moods-Raucher ist ein verständnisvoller, mitunter sogar weiser Berater. Gleichzeitig fällt es ihm schwer, eigene Entschlüsse zu fällen. Durch seine manchmal zurückhaltende Art passiert es oft, dass andere seine Lorbeeren ernten.

Bisweilen neigt der Moods-Raucher zu Pessimismus, was sich in einem gesteigerten Sicherheitsbedürfnis in finanziellen Dingen zeigt, was sogar in Geiz ausarten kann. Trotz Existenzängsten ist der Moods-Raucher aber nicht geizig gegenüber Personen, die er liebt.

Erfolgreiche Moods-Raucher können aber auch zu Machthunger und Gewinnsucht neigen.

In der Erotik muss der Partner des Moods-Rauchers geistig auf derselben Wellenlänge sein, denn er sehnt sich nach einem Partner, der wie er stabile Verhältnisse und ein harmonisches Familienleben zu schätzen weiß und dabei ebenso unternehmungslustig ist wie er. Gefühle sind ihm wichtiger als die Vernunft.

Aber Zweisamkeit ist nicht alles, seine Außenwirkung ist dem Moods-Raucher sehr wichtig. Manchmal sogar so sehr, dass sie über sein wahres Wesen hinwegtäuscht. So kann es passieren, dass aus zurückhaltenden Moods-Rauchern Blender werden.

## Selbstgedrehte:

Wer seine Zigaretten selbst dreht, hat einen ausgeprägten Hang zum Individualismus. Der Raucher von Selbstgedrehten liebt die Freiheit und das Abenteuer, hat viele Freunde und ist immer in Bewegung.

Er ist unabhängig von der Meinung anderer und hat ein sehr gering ausgeprägtes Sicherheitsbedürfnis – Aktiendepots oder Schließfächer braucht er nicht.

Menschen, die ihre Zigaretten selbst drehen, üben oft eine magische Faszination auf andere aus. Wenn sie wollen, können sie unwiderstehlich wirken. Sie sind intelligent und eigenständig im Denken und halten nichts von Mitläufern.

Auf Reisen ist der Weg ihr Ziel und sie sind immer offen dafür, sich fremde Kulturen selbst zu erschließen. Man trifft sie am Strand von Goa genauso wie auf Kulturtrips in die Großstädte der Welt.

Sie sind leidenschaftlich, erotisch und spontan bei der Wahl ihres Partners. Der Eroberung kommt hierbei ein wichtiger Stellenwert zu.

Übrigens: Obwohl in Beziehungsfragen gerne ungebunden und unabhängig, ist der Selbstdreher verantwortungsbewusst gegenüber seinen Kindern.

## Zigarre:

Die Zigarre ist für einen Nichtraucher die wohl unangenehmste Form des Tabakkonsums. Dabei ist das Rauchen einer Zigarre selbst für manchen schon eine Wissenschaft an sich und wird von vielen Rauchern auch aufwendig zelebriert. In weiten Teilen der Gesellschaft gilt die Zigarre als Statussymbol.

Der Zigarrenraucher ist ein Genussmensch, der seine Freude daran hat, den Tabakkonsum zu zelebrieren. Er ist geprägt von einer unerschütterlichen Hartnäckigkeit und hat übergroßes Vertrauen in sich selbst.

Großzügigkeit sich selbst und seinem sozialen Umfeld gegenüber zeichnet den Zigarrenraucher aus. Trotzdem kennt er den Wert des Geldes und ist bedacht darauf, einen echten Gegenwert dafür zu erhalten. Er liebt wertvolle Geschenke und schätzt die große Geste. Dabei ist er sich durchaus über deren Außenwirkung im Klaren.

Der Zigarrenraucher ist auf Traditionen bedacht und umgibt sich gerne mit seinesgleichen.

Seine Geschäftstüchtigkeit ist weder an Ort noch an Zeit gebunden. Er ist es gewohnt, den Ton anzugeben.

Der Zigarrenraucher schätzt das Risiko, die Gefahr und das Abenteuer genauso wie die Belohnung und die leiblichen Genüsse.

In der Sexualität gibt er den Ton an – Kompromisse fallen ihm schwer. Seine Gewohnheit, sich zu nehmen, was er will, wirkt von außen betrachtet oft herrisch und willkürlich, ist aber ein ganz natürlicher und folgerichtiger Teil seines Anspruchsdenkens. Kritik- und Kompromissfähigkeit gehören ebenso wenig zu seinen Stärken wie nach außen getragene Emotionalität.

Für ihn ist das Beste nur selten zu gut und zu reichlich. Alles, was er tut, sieht er als richtig und nicht angreifbar an.

## E-Zigarette:

Auffällig ist derzeit der Trend zur E-Zigarette, der nicht nur ein sich Abwenden von der gewohnten Art zu rauchen bedeutet, sondern auch die Markentreue auf den Kopf stellt. Jeder fünfte Raucher gab 2014 an, die elektronische Zigarette schon ausprobiert zu haben. Dabei ist der meistgeäußerte Grund, der hinter der Umstellung steht, dass die E-Zigarette weniger gesundheitsschädlich ist und weniger abhängig macht. Viele geben auch an, auf die elektronische Zigarette umgestiegen zu sein in der Hoffnung, damit leichter ganz aufhören zu können. Im Gegensatz zu anderen Rauchern kommt hier also eine geringere Ausprägung des Hangs zu selbstschädigendem Verhalten zum Ausdruck. Aber auch hier ist der Konsum nicht so harmlos wie gedacht. Neueste Untersuchungen der Deutschen Gesellschaft für Pneumologie ergaben, dass der Rauch der E-Zigarette Substanzen wie Propylenglykol beinhaltet, deren Auswirkungen auf den menschlichen Organismus noch nicht abschließend geklärt sind.

Die Annahme, dass E-Zigaretten-Raucher ein Leben mit angezogener Handbremse führen, ist unzutreffend. Zwar bevorzugen sie Sicherheit in allen Lebenslagen, wie zum Beispiel beim Sex, sie sind aber innovativ und stets offen für Neues. Sie agieren zurückhaltend und überlegt und haben stets ein Auge auf die Folgen ihres Handelns. Mit ihnen erlebt man keine unangenehmen Überraschungen, sondern die freie Entfaltung in abgestecktem Rahmen.

Sie sind wohlerzogen und vergessen nie ihre Kinderstube, das macht sie zu wundervollen Gesprächspartnern und guten Zuhörern. Als Meister des Kompromisses überlegen sie es sich zweimal, ob sie in Konflikte eintreten. Dennoch sind sie Feuer und Flamme, wenn es darum geht, ihre Ansichten zu vertreten.

Anstrengende körperliche Arbeiten meidet der E-Zigaretten-Raucher, gleichzeitig ist er bedacht auf seine physische Fitness, die er gezielt im Fitnessstudio stärkt.

## Schnupftabak:

Schnupftabak wird seit Jahrhunderten von Menschen unterschiedlichster Kultur und Herkunft genossen. In Deutschland existieren rund eine Million Konsumenten, die diese Genussalternative ohne Rauch bevorzugen. Schnupftabak ist umweltfreundlich und hat eine befreiende Wirkung auf die oberen Atemwege.

Fast immer ist der Konsument von Schnupftabak männlich und legt Wert auf Tradition. Er ist oft eigensinnig und unnachgiebig, wenn es darum geht, seine Ansichten zu vertreten. Dennoch ist er gleichzeitig geerdet und haptisch. Innere Überzeugung ist der Motor seines Handelns. Er verfügt über einen gesunden Menschenverstand, ist konstruktiv, psychisch stabil und scheut vor harter Arbeit nicht zurück.

Wenn man ihn nicht reizt, ist er ein angenehmer und friedlicher Zeitgenosse. Er umgibt sich gerne mit schönen

Möbeln und Bildern. Der Schnupftabak-Liebhaber ist kein Kostverächter – verfällt aber auch schnell der Genusssucht.

In puncto Liebe sind romantische Schwärmereien nichts für ihn, sein Geschmack ist lustvoll und direkt. Er sucht keine Bestätigung von außen und gibt seinem Partner das Gefühl, sich nicht verstellen zu müssen, sondern so sein zu dürfen, wie er ist. Der Schnupftabak-Konsument neigt zur Eifersucht. Es ist ihm stets wichtig, alle seine Besitztümer zu behalten. Oft unterhält er eine Sammlerleidenschaft und ist ein kritischer Ratgeber seinen Freunden gegenüber. Kalt lässt ihn nur, was ihn nicht interessiert. Dieser willensstarke Mensch bietet Schutz und Geborgenheit. In der Sexualität ist er ursprünglich und puristisch, aber auch eigensinnig und unnachgiebig.

Vorschriften verachtet er genauso wie Drohungen oder Leichtfertigkeit – bei Problemen sucht er nach klaren und sachlichen Lösungen.

Er vermeidet überflüssige Bewegungen und Energieverschwendung, weil er stets das Wesentliche in Blick hat. Mitunter lässt ihn das überkritisch erscheinen.

## Kautabak:

Kautabak war historisch bei Seeleuten beliebt, weil aufgrund der Brandgefahr, die mit dem Tabakrauchen auf vor allem hölzernen Schiffen einherging, das Rauchen strengstens verboten war. Der Kautabak ist indianischer Herkunft. Die amerikanischen Ureinwohner versetzten Tabakkugeln mit Muschelkalk und bewahrten diese in ihrer Backentasche auf, um sie dann und wann zu kauen. Heute wird Kautabak vor allem bei Baseballspielern gesehen. Baseball ist eine der sehr wenigen Sportarten, bei der Kautabak konsumiert werden darf, weil die meisten Spieler den Großteil ihrer Zeit damit verbringen, neben dem Spielfeld auf ihren Einsatz zu warten.

Der Kautabak-Typ ist fröhlich, charmant und geistreich. Er versteht sich darauf, seinem Gegenüber das Gefühl von Einzigartigkeit zu vermitteln. Doch dabei agiert er oft beliebig, denn sein Ziel ist es, seinen Hunger nach Lob und Anerkennung zu stillen, anstatt wirklich jemanden um seiner selbst willen zu begehren.

Zweifelsohne verfügt der Kautabak-Freund über eine starke Anziehungskraft und ist stets in der Lage, viel Energie für die Erfüllung seiner Ziele zu investieren. Es kann aber durchaus passieren, dass er sich verzettelt und verliebtes Interesse mit Begehren verwechselt. Enttäuschungen und Eifersüchteleien sind oft das Resultat seines Verhaltens.

Nicht selten ist der Kautabak-Typ Single oder geschieden und hat häufige, kurzweilige Affären, die sich nach einem immer gleichen Muster zerschlagen, weil er mit seiner speziellen Art aus dem Nichts Probleme schafft.

Als Freund ist er aber tolerant, spontan und leicht motivierbar – ein Kumpel zum Pferdestehlen.

Für ihn als »echten Mann« (Frauen sind in dieser Gruppe äußerst selten zu finden) kann es wahre Freundschaften nur zwischen Männern geben.

Wenn er seinen Ansprüchen nicht gerecht wird, kann er auch manchmal ziemlich unangenehm bis cholerisch werden.

## Shisha:

Der Shisha-Typ liebt Geselligkeit und soziale Interaktion. Für ihn sind das gesellschaftliche Leben und das Gesehenwerden der perfekte Weg, sich zu präsentieren. Nicht selten schmückt er seinen Auftritt mit blitzblank polierten Felgen.

Oft ist er etwas zu laut und auffällig in seiner Art. Bei allem, was er nach außen trägt, ist ihm der Schein wichtiger als seine tatsächliche persönliche Lebensqualität.

Der Shisha-Raucher ist gerne in bewundernder Begleitung von einem Tross von Freunden, die ihm ein Gefühl von Macht und Wichtigkeit vermitteln.

Er hält sich gerne an bevölkerten öffentliche Plätzen auf und scheut keinen sportlichen Wettbewerb, um Mitstreiter auszuschalten, und wenn es sich nur um das Ampelrennen an einer zweispurigen Straße handelt. Sollte er verlieren, hat er gute Gründe, sich doch als Sieger herauszustellen. Er kann Niederlagen grundsätzlich nicht akzeptieren und überspielt diese gerne mit einem lauten Lachen.

Er fühlt sich auserwählt für den Gebrauch von Luxusgütern und stellt seinen Besitz gerne über den anderer.

Seine Bestätigung holt er sich über das Auffallen, sei es durch seine Art oder seine Lebensweise. Zu Hause ist er bestimmend und unnachgiebig, zuweilen sogar herrisch. Sein Wort gilt, seine Machtposition ist unbestritten.

Daneben gibt es aber unter den Shisha-Freunden auch den Weltenbummler, den in seiner Studienzeit vermeintlich weit gereisten Kosmopoliten. Er hat das Gefühl, seine Weisheiten der ganzen Welt aufoktroyieren zu müssen, um dabei den größten Teil der globalen Verständigung zwischen den Kulturen zu leisten. Es ist ihm relativ egal, ob sich sein Gegenüber für seine ausschweifenden Reiseberichte interessiert oder nicht. Er sieht es als seine Aufgabe, die Menschen um sich herum aufzuklären und zu missionieren, dazu gehört für ihn auch das Propagieren des Shisha-Rauchens.

Es geht ihm nicht um den Dialog, sondern um einen Vortrag mit möglichst viel Applaus.

# Gestreift, gepunktet, monochrom?

## Was eine Krawatte so über ihren Träger verraten kann …

Wie sagte schon Honoré de Balzac: »Der Mann ist so viel wert wie seine Krawatte. Denn das ist er selbst, durch sie verhüllt er sein Wesen, in ihr manifestiert sich sein Geist.« Und in der Tat: Die Krawatte ist die Visitenkarte des Mannes. Deshalb ist sie ein wesentlicher Anhaltspunkt, um grundsätzliche Eigenschaften des Trägers aus ihrer Beschaffenheit, aus Farbe und Musterung, abzulesen.

Kaum ein anderes Kleidungsstück ist dabei Auslöser so vieler Klischees. Manchen Menschen reicht ein Blick auf sie und es ist klar, welcher Mensch dort im wahrsten Sinne des Wortes in der Schlinge steckt.

Schon die Farbe des Schlipses verrät sehr viel über den Träger. Wer hier genau hinsieht, kann bereits viel über sein Gegenüber erfahren. Wobei hier gleich der Zwischenruf erklingen mag: »Aber kaum ein Mann kauft sich doch seine Krawatten selbst. Wie sollen die Eigenschaften der Krawatte denn dann aussagekräftig sein?« Zwei Punkte seien hier angeführt, die es uns erlauben, die Krawatte genauer in Augenschein zu nehmen: Offensichtlich fand ja eine Person, die den Träger gut genug kennt, um ihn einen Schlips zu schenken, Muster und Farbe als passend. Und zweitens: Trägt der Beschenkte die Krawatte, dann kann sie ihm nicht allzu sehr zuwider sein. Aber gut aufgepasst! Das sind natürlich immer Randbedingungen, die zu Recht mitgedacht werden müssen – wirklich Aufschluss darüber werden wir wohl nur in den seltensten Fällen erhalten.

## Die Farbe macht's ...

### Grün:

Der Träger einer grünen Krawatte ist traditionsbewusst, konservativ und naturverbunden. Oft hat er ein sehr ausgeprägtes Selbstbewusstsein, was bei seinem Gegenüber je nach Persönlichkeit arrogant und überheblich rüberkommen kann. Häufig wirkt er dabei auch kühl und distanziert, ist aber bei näherer Betrachtung meistens ein sehr bodenständiger und verlässlicher Typ.

Sein Wort hat Gewicht, auf seine analytischen Überlegungen kann man sich verlassen. Nicht nur in materiellen Fragen setzt er auf Nachhaltigkeit. Er ist auch, was die Liebe betrifft, ein treuer und zuverlässiger Partner. Bis er sich auf eine Beziehung einlässt, kann es einige Zeit dauern. Wenn man es aber geschafft hat, ihn zu erobern, steht einer langjährigen und tragfähigen Beziehung meist nichts mehr im Weg.

Obwohl ihm manchmal pedantische Züge und Schubladendenken nachgesagt werden, ist der Grüne-Krawatten-Typ ein kritischer und objektiv beurteilender Denker.

## Rot:

Wer rote Krawatten trägt, ist ein Visionär und hält dabei sich und seine Ideen für ungeheuer wichtig. Er kann und will durch seine äußere Präsenz die Aufmerksamkeit auf sich lenken und signalisiert zugleich Angriffsbereitschaft. Er ist nicht bereit, bestehende Dinge einfach hinzunehmen. Er will mitreden, bestimmen und oft auch kontrollieren. Sein Gegenüber nimmt ihn meist als herausfordernd und provokativ wahr, dabei geht aber leider allzu oft der unerschöpfliche Ideenreichtum des Rote-Krawatten-Trägers unter. Manch einer hält ihn für einen Fantasten, er selbst dagegen schätzt sich meistens als genial ein.

Sein kreatives und aufbrausendes Wesen stößt oft auf Unverständnis, dabei kann man mit etwas Diplomatie mit diesem Menschen Luftschlösser bauen und Pferde stehlen.

Durch seine kontaktfreudige und extrovertierte Art findet er schnell Anschluss, um aber sein echter Freund zu werden, muss man zum sensiblen Kern hinter der harten Fassade durchdringen.

Sein äußeres Erscheinungsbild ist gepflegt, detailverliebt und gleichzeitig spannend. In Kombination mit seiner Eloquenz und Kontaktfreudigkeit ist er auf jedem Fest ein gern gesehener Gast.

Er bevorzugt schwäbische oder italienische Sportwagen und wohnt am liebsten in der obersten Etage eines Hauses. Auch wenn man sich in seiner Nähe sehr wohl fühlt, möchte man ihn nicht zum Feind haben. Durch sein aufbrausendes Temperament urteilt er oft vorschnell und handelt spontan. Aber genau das ist es, was ihn in vermeintlich ausweglosen Situationen zu immer neuen Sichtweisen und Ideen befähigt.

Im Beruf ist er ein Leistungsträger, der aber ein starkes und beizeiten diplomatisches Team hinter sich braucht.

## Gelb/Orange:

Gelbe oder orangefarbene Krawatten werden von fantasievollen, emotional intensiven und dem Leben gegenüber positiv eingestellten Menschen getragen. Sie sind Forscher und Entdecker, dabei lieben sie es, alle Möglichkeiten, die das Leben bietet, zu ergreifen.

Sie sind aufmerksame Beobachter ihrer Umwelt und haben sich das kindliche Staunen bewahrt. Man findet sie oft in augenscheinlich unpassenden Berufen, als Schadensregulierer bei Versicherungen und sogar manchmal im Finanzamt. Dabei merkt man aber schnell, dass ihnen andere Lebensziele wie die freie Entfaltung der Persönlichkeit wichtiger sind. Oft arbeiten sie in Teams und scheuen sich nicht, auch unangenehme Aufgaben zu übernehmen. Auch auf Probleme gehen sie ergebnisoffen zu und verlassen sich bei der Lösung auf ihr Bauchgefühl.

Ihre Lebensfreude zeigt sich auch in ihrer Lust auf Reisen, bei denen sie anderen Kulturen mit Offenheit begegnen.

Sie handeln oft verspielt, entgegen den Regeln und verzichten dabei gerne auf logisches Denken zugunsten intuitiver Handlungen.

Obwohl ihnen Unabhängigkeit und Freiheit sehr viel bedeuten, benötigen sie unbedingt einen Partner, der ihre Vorlieben teilt. Denn trotz ihrer unkonventionellen Lebensart brauchen sie die Sicherheit einer festen Beziehung, die ihnen Halt gibt.

Im Privatleben spielen Familie, Fürsorge und Nähe eine bedeutende Rolle. Sie schämen sich nicht, sich fallen zu lassen, und zeigen ihre emotionale Seite ganz offen. Auch Tränen der Freude sind ihnen nicht fremd.

Religion und Spiritualität werden aktiv gelebt, auch Vereinszugehörigkeit und ehrenamtliche Ämter sind für den Träger gelber oder orangefarbener Krawatten nicht unüblich.

## Schwarz:

Abseits von den Standardsituationen, bei denen eine schwarze Krawatte für jeden unverzichtbar ist (Beerdigungen etc.), wird die klassische schwarze Krawatte eher von nonkonformistischen Typen bevorzugt. Schwarz steht in diesem Kontext für Understatement, Entschlossenheit, Weltgewandtheit und Klarheit. Dabei ist er liberal eingestellt und bei vielen Themen argumentativ aufgeschlossen. Sowohl Nachhaltigkeit als auch Innovation inspirieren ihn. Er hat seine eigene Meinung, die er nach außen objektiv vertritt, und lässt Sichtweisen gelten.

In Gesellschaft verhält sich der Liebhaber schwarzer Krawatten meist unauffällig und zurückhaltend, doch gerade dadurch wird seine Präsenz intensiv wahrgenommen. Er ist eher introvertiert und benötigt nicht viele Worte, um seinen Standpunkt klarzumachen.

Man trifft ihn oft in einem kreativen, selbstverantwortlichen Berufsfeld. Er scheut sich nicht, in prekären Situationen die Kohlen aus dem Feuer zu holen.

Qualität geht ihm prinzipiell über Quantität. Die schwarze Krawatte steht dabei für seine Lebensweise, die reduziert auf das Wesentliche, minimalistisch und pur ist.

Im Gespräch mit anderen wirkt er oft arrogant und desinteressiert. Erst wenn man es schafft, ihn aus der Reserve zu locken oder zu begeistern, kann man sich seiner ungeteilten Aufmerksamkeit gewiss sein. Dazu sollte sein Gegenüber aber über eine gute Allgemeinbildung verfügen, denn diese ist für ihn Grundvoraussetzung.

Die Grundfesten im Leben sind für ihn trotz Kreativität seine Werte: Ehrlichkeit, Echtheit und Integrität haben für ihn oberste Priorität.

## Braun:

Eine braune Krawatte vermittelt zuallererst Bodenständigkeit. Bei genauerem Hinsehen zeigt sich eine vorsichtige und bedächtige Person. Entscheidungen, die sie trifft, sind wohlüberlegt und frei von unwägbaren Risiken. Sie plant weit in die Zukunft und hat immer einen Alternativplan in der Hinterhand.

Meist befindet sich dieser Mensch in einem Angestelltenverhältnis und leistet dort zuverlässige Arbeit. Er würde seinen Arbeitgeber nie hintergehen und steht damit für absolute Loyalität. Unnütze Ausgaben oder profaner Luxus sind für ihn unattraktiv. Sich dafür noch zu verschulden steht außer Frage.

Der Träger einer braunen Krawatte hält sich gerne an eine klare Tagesstruktur, in der auch Freizeitaktivitäten, Hobbys und Kultur einen festen Platz haben.

Er legt Wert auf Qualität, dabei ist ihm Wertbeständigkeit wichtiger als der Markenname. Auch das Wegwerfen von Dingen ist ihm zuwider, in diesem Fall kommt sein handwerkliches Talent zum Tragen.

Freundschaften wie Partnerschaften haben dauerhaften Bestand, sein Wort gilt. Prinzipien sind ihm wichtiger als der äußere Schein. Aus diesem Grund fällt die Wahl seiner Partnerin oft auf Gleichgesinnte.

## Blau:

Wer sich für eine blaue Krawatte entscheidet, ist ein realistisch und rational denkender Mensch. Er kann seine Bedürfnisse formulieren und ist darauf bedacht, dass diese trotz Rücksichtnahme auf alle Beteiligten in eleganter Weise befriedigt werden. Zufriedenheit und Harmonie sind ihm nämlich sehr wichtig, und so ist er seinem Umfeld gegenüber sehr wohlwollend und aufgeschlossen eingestellt. Er ist empfindsam und kann sich auch auf ganz unterschiedliche Gegenüber mühelos einstellen. Dabei wirkt er stets echt und aufmerksam.

Der Anhänger blauer Krawatten kann jedoch auch durchaus kritisch und kontrovers andere Meinungen beleuchten und diese dann mit seinen Ansichten verbinden. Durch seine elegante Art und eine eher konservative Einstellung vermeidet er offene Auseinandersetzungen und gibt im Zweifelsfall auch mal nach.

Er liebt die Weite und hängt dabei seinen tiefgründigen Gedanken und Träumen nach. Trotzdem steht er mit beiden Beinen fest auf der Erde und verfolgt seine Karriere ambitioniert und zielstrebig. Flexibel setzt er sein Können problemlos in wechselnden Aufgabengebieten ein.

Obwohl ihm die Familie wichtig ist, kommt es immer wieder zu Konflikten mit seiner zeitintensiven Arbeit. Urlaube verbringt er gerne in gemieteten Häusern in Frankreich und Italien, dabei legt er Wert auf gutes Essen und guten Wein.

## Das Muster

### Gestreift:

Fällt die Wahl auf eine gestreifte Krawatte, deutet das auf einen ausgeprägten Sinn des Trägers für Tradition hin. Streifen sind eines der ältesten Muster. Der Verlauf der Streifen ist meist von links unten nach rechts oben und symbolisiert damit Zuversicht und Optimismus.

Der Träger einer gestreiften Krawatte hat meist eine wirtschaftlich aufstrebende Gesinnung und einen hohen Anspruch an sich selbst. Generell deutet das Streifenmuster eher auf eine Persönlichkeit hin, die sich gerne an die altbewährten Methoden hält und dabei nur ungern Ausflüge in die unberechenbare Welt der Neuheiten macht. Es geht ihm in erster Linie um das Bewahren und Ausbauen von Altem und weniger um das Experimentieren mit neuen, unerprobten Ideen. Dabei kann der Träger häufig auf eine lange Familientradition mit erfolgreichen Ahnen zurückblicken. Diese versucht er, mit Stolz weiterzuführen und an die nächste Generation weiterzugeben.

Der Träger einer gestreiften Krawatte sucht einen Partner, der ihm den Rücken freihält und ihm die Freiheiten zur beruflichen Entwicklung lässt. Trotzdem muss er ihm auf Augenhöhe begegnen können.

Er liebt Kinder, würde aber ihretwegen nicht kürzer treten. Entspannung findet er bei Sportarten wie Golf oder bei kulturellen Ereignissen wie zum Beispiel den Opernfestspielen in Salzburg. Durch seine starke berufliche Einbindung begegnet man ihm häufig auf den Flughäfen Europas.

Seine starke Fokussierung auf die eigene Sicht der Dinge verstellt ihm leider öfter den Blick auf das große Ganze. Deshalb fehlt es ihm oft an Flexibilität und Offenheit für andere Einstellungen.

## Gepunktet:

Wer sich für die gepunktete Variante entscheidet, löst beim Gegenüber oft unbewusst Unruhe aus. Die Regel sagt: je größer die Punkte, desto risikofreudiger. Dieser Krawatten-Typ ist manchmal für sein Gegenüber schwer einzuschätzen. Er vermittelt Selbstbewusstsein und Unruhe zugleich.

Genau diese Unstetigkeit zeichnet den Träger aus. Er kann sich oft nicht entscheiden und lässt dadurch andere häufig im Unklaren. Zusammenarbeit mit ihm bedeutet Kreativität, aber auch Chaos. Aus ihm entspringt eine Flut von Ideen, die überwiegend nicht zu Ende entwickelt werden. Kann man sich aber auf diese Arbeitsweise einlassen, ist er ein sicherer Impulsgeber für neue Ansätze und Wege.

Seine Stärken sind leidenschaftliche Hingabe, kindliches Vergnügen und grenzenloser Übermut. Setzt er diese Stärken richtig ein, macht er aus jedem Meeting ein einzigartiges Event. Dabei wäre ein dominanter Partner, der ihn in seinen besonderen Fähigkeiten leitet und strukturiert, hilfreich.

Im Familienleben ist er der beste Freund der Kinder und kann beim ausgelassenen Spiel mit ihnen jegliches Gefühl für Zeit und Raum verlieren.

Er ist uneitel und unkompliziert, gesellig und ein gern gesehener Gast auf allen Festen, bei denen er gerne die Rolle des Alleinunterhalters übernimmt.

## Kariert:

Die karierte Krawatte deutet auf Verlässlichkeit und Anpassungsfähigkeit hin. Durch das traditionelle Muster zeigt der Träger dieser Krawatte seinen Sinn für Werte und Beständigkeit. Gleichzeitig geht er aber mit dem Trend und ist damit flexibel und offen für Neues. Deshalb gehen Männer, die sich für dieses Muster entscheiden, in der Regel auch neugierig und offen mit neuen Wegen oder Menschen um. Allerdings sind sie dabei vorsichtig und auch etwas ängstlich und versuchen, diese Unsicherheit durch das Festhalten an bestehenden Normen und Ritualen auszugleichen.

Sie verfügen zumeist über ein mittleres Einkommen und favorisieren ein komfortables, aber freizeitorientiertes Leben.

Oft arbeiten sie in einem urbanen Umfeld, bevorzugen aber zum Wohnen eine eher ländliche Umgebung. Dort können sie ihren sportlichen Aktivitäten, die hauptsächlich in freier Natur stattfinden, nachkommen. Derjenige, der sich für eine karierte Krawatte entscheidet, verfügt über eine gute Intuition, was seine Zeiteinteilung betrifft, und achtet dabei auf eine ausgewogene Work-Life-Balance.

In der Partnerschaft favorisiert er die konservative Aufgabenteilung, beteiligt sich aber aktiv an der Kindererziehung.

## Motiv:

Der Träger einer Motivkrawatte besticht in der Regel durch wenig Empathie und ist allein durch seine Krawattenwahl ein Ärgernis für seine Umwelt. Sein Sinn für Humor ist kindlicher Natur und plakativ. Er beschäftigt sich in seiner Freizeit mit Computerspielen und ernährt sich überwiegend von Fertiggerichten. Ansonsten ist er ein eher schüchterner Typ, der nur wenige soziale Kontakte pflegt.

Auf sein äußeres Erscheinungsbild legt er nicht besonders viel Wert, seine Stärken liegen eher in anderen Gebieten.

Es bedarf einiger Mühe und Geschick, um an diesen doch sehr introvertierten Menschen heranzukommen und eine engere Bindung aufzubauen. Danach sind seiner Loyalität und Zuneigung allerdings keine Grenzen gesetzt.

## Bunt gemustert:

Eine bunt gemusterte Krawatte zeugt von einem starken Selbstbewusstsein und dem Streben nach Individualität. Leider ruft diese Art der Krawatte durch die Flut von Farben auch negative Gefühle und Gedanken beim irritierten Gegenüber hervor. Diese Tatsache bringt den Träger allerdings nicht aus der Ruhe, da er ja über ein gesundes Ego verfügt.

Generell sollte man diese Eigenschaften nicht negativ bewerten, denn wenn der Träger einer bunt gemusterten Krawatte nicht übertreibt, können durch ihn hitzige, aber durchaus fruchtbare Diskussionen zu ganz neuen und unerwarteten Lösungen führen. Er will auffallen, weiß aber gleichzeitig um sein Potenzial anzuregen und zu reizen und muss nur versuchen, seine Energie in die richtigen Bahnen zu lenken.

Er verfügt über ein hohes Maß an Ambivalenz und tut sich dadurch schwer, weitreichende Entscheidungen zu treffen. Er hat keine Entscheidungsschwäche, sondern das Abwägen einer Vielzahl vom Pros und Kontras verzögert den Entscheidungsprozess.

Durch die große Farbvielfalt seiner Krawatte zeigt er eine hohe Kompatibilität sowohl im Umgang mit anderen als auch hinsichtlich Themen, die ihm nicht so geläufig sind.

Sein Partner profitiert von seiner Zugänglichkeit, Toleranz und Kompromissbereitschaft.

Was finanzielle Belange betrifft, handelt dieser Krawatten-Typ eher konservativ und versucht dabei, Vorsorge für seine Familie zu treffen. Dabei ist er aber auch durchaus in der Lage, sich oder anderen etwas zu gönnen.

# Herzen, Sterne, Arschgeweih

## Wie Tätowierungen sich als Fenster zur Seele erweisen können …

Das Tattoo, das in unserer Gesellschaft in der Regel als reiner Körperschmuck dient, hatte in den alten Kulturen unserer Vorfahren zusätzlich ganz bestimmte Bedeutungen und Zwecke. Durch den Fund tätowierter Mumien ist belegt, dass die Kunst des Tätowierens etliche Tausend Jahre alt ist und über den gesamten Globus von einer Generation an die nächste weitergegeben wurde. Bis heute ist nicht klar, wo das Tattoo seinen geografischen Ursprung hat. Am wahrscheinlichsten ist, dass sich ungefähr gleichzeitig in den verschiedenen Kulturen die Körperkunst des Tätowierens entwickelt hat, die in den Anfängen mit ganz unterschiedlichen Materialien arbeitete. Mit der Nutzung von Tinte hat sich zwar die Herstellung der Tattoos verändert, aber nicht die Tradition an sich.

Ganze Völker haben durch die Bilder oder Schriften auf ihrer Haut Glaubenssätze oder Einstellungen zum Ausdruck gebracht und öffentlich gemacht. Dass diese Statements auf der Haut durchaus einiges über den Träger aussagen können, liegt nahe. Auch heute hat das Tattoo verschiedene Bedeutungen und Funktionen. Schon lange gilt das Anfang des 20. Jahrhunderts gesprochene Wort von Adolf Loos nicht mehr: »Der moderne Mensch, der sich tätowiert, ist ein Verbrecher oder ein Degenerierter.« Das Tattoo kann zum Beispiel der Information dienen, wie beim Militär oder im Gefängnis. Der Kundige weiß, sobald er das Tattoo sieht, Bescheid über die Herkunft und die Stellung des Trägers.

Somit hat auch jedes Tattoo eine eigene »Persönlichkeit« und transportiert gleichzeitig die Persönlichkeit seines Besitzers.

Doch auch jenseits von Militär und Gefängnis verrät ein Tattoo nicht wenig über die Werte und das Denken des Trägers.

Schon allein die generelle Entscheidung für ein dauerhaftes Tattoo lässt einige Rückschlüsse zu. Einmal abgesehen von der Möglichkeit eines nicht auf Lebenszeit ausgelegten Bio- oder Hennatattoos und der generellen Option, einen Schriftzug oder ein Bild wieder per Laser entfernen zu lassen – mit mehr oder weniger Erfolg, das sei an dieser Stelle dahingestellt.

Hinter dem in die Haut eingezeichneten Bild steht also in der Regel nicht nur ein längerer Weg der Entscheidung bezüglich des Motivs, sondern auch die letztendliche Motivation, das jeweilige Kunstwerk ein Leben lang am Körper zu tragen. Kann man deshalb sagen, dass Menschen mit Tattoos wohlüberlegte und entscheidungsfreudige Personen sind? Oder ist es eher so, dass Tattoo-Träger vielmehr als Menschen betrachtet werden müssen, die sich über die langfristigen Folgen ihres Handelns nicht so ganz im Klaren sind?

Die wahrscheinlich beste Antwort ist in diesem Fall wohl: von beidem ein bisschen.

Doch werfen wir einen Blick auf die Motivik. Natürlich gibt es für jedes Motiv mittlerweile eine stilistische und beschreibende Einordnung. Dennoch sind solche Einordnungen – gerade da sich immer mehr Menschen tätowieren lassen – mit Vorsicht zu genießen; wie ja auch alle Einschätzungen in diesem Buch nicht absolut gesetzt werden dürfen, sondern immer wieder auch in ihren Kontexten betrachtet werden müssen.

## Blume:

Wer sich eine Blume tätowieren lässt, zeigt damit seine Neigung zum Schönen und zur Kunst, gleichzeitig kommt in dieser Motivwahl in der Regel zum Ausdruck, dass dieser Mensch das Leben in seiner vollen Schönheit genießen kann.

Der Träger eines Blumentattoos ist facettenreich, aber auch rätselhaft, entzückend und verführerisch. Durch die versteckte Intimität dieses naturverbundenen Bildes zeigt er, dass er es vermag, sein Gegenüber durch Nähe zu fesseln und hinreißende, geistreiche Gespräche zu führen. Es kommt darin auch eine äußerst positive Einstellung dem Leben gegenüber zum Ausdruck. Daraus folgt in der Regel eine Aufmerksamkeit im Hinblick auf die kleinen Freuden des Daseins: Geburtstagsglückwünsche, Telefonanrufe und

Komplimente gehören zu seiner Stärke und machen anderen das Leben ein wenig heller.

In der Sexualität liebt der Träger des Blumenmotivs besonders das Vorspiel, das nach seinem Geschmack ruhig ausschweifend lang und intensiv sein kann. Dabei geht er intensiv und selbstlos auf seine Bettgespielen ein und stellt sein Ego gerne hinten an.

Er ist aufrichtig, aber auch träumerisch und nimmt wahr, ohne über das Wahrgenommene zu reflektieren

## Tribal:

Auch wenn sich Tribals schon lange von alten Riten und Bedeutungen gelöst haben, fühlt sich der Träger doch dem Mystischen und Magischen eng verbunden und möchte dies auch gerne mit seiner Motivwahl zum Ausdruck bringen.

Generell hält er sich für revolutionär und unbeschreiblich, traut sich aber dennoch häufig nicht, dies auch tatsächlich zum Ausdruck zu bringen. Oft ist die Auswahl des Tribals nämlich nur eine Auswahl aus dem Katalog des Tätowierers – ganz nach Gusto – und damit sehr beliebig. Oft ist der Träger des Tribals der schnellentschlossene Typ, der eher den modischen Trend verfolgt, als seinen eigenen Stil zu kultivieren – als Beispiel seien hier nur die in den 90ern inflationär auftätowierten »Arschgeweihe« erwähnt.

Nach Angaben von Dermatologiezentren ist der Tribal-Typ derjenige, der sich mit aufwendiger kosmetisch-dermatologischer Lasertherapie am häufigsten wieder von seinem Körperschmuck trennt. Damit outet er sich als zeitgeistig orientiert und modeaffin. Er ist leicht manipulierbar und geprägt von einer hohen inneren Ambivalenz. Gleichzeitig ist er aufgeschlossen und lässt sich leicht von Neuem begeistern.

In der Partnerschaft könnte dies zu Schwierigkeiten führen, da Flatterhaftigkeit und Unstetigkeit zu seinen Wesenszügen zählen. So ist es auch in der Sexualität: Die Liebesstimmung kann erschreckend schnell und für den anderen kaum nachvollziehbar umschlagen, wenn zum Beispiel das Tempo oder die Art und Weise nicht gefallen.

Der Tribal-Träger braucht einen Ort, an dem er sich entspannen und fallen lassen kann, und schätzt gekonnte Inszenierung.

## Stern:

Der Träger eines Stern-Tattoos ist ein verträumter und romantischer Typ, der aber auch oft Opfer der eigenen Naivität wird. Der Stern-Tattoo-Träger ist häufig Single, weil er selten einen Partner findet, der seinen hohen romantischen Maßstäben entspricht.

Er verfügt über eine hohe emotionale Intelligenz und reagiert sensibel auf Schwingungen und Stimmungen in seinem Umfeld.

Gleichzeitig erwischt man ihn oft dabei, dass er Menschen und Situationen oberflächlich betrachtet und sich durch Äußerlichkeiten wie zum Beispiel Aussehen, Kleidung und Accessoires vom Wesentlichen ablenken lässt.

Im Grunde ist er eher zurückhaltend und beobachtend. Ernsthaftigkeit und problemorientiertes Denken gehören zu seinen Stärken.

Als Partner ist er ein facettenreicher und liebenswerter Gefährte, für den Sexualität keine zentrale Bedeutung hat. Wichtiger sind ihm körperliche Nähe und emotionale Zuneigung.

Er ist großzügig, gutmütig und geduldig und bekommt daher gerne mal den Schwarzen Peter zugeschoben. In solchen

Situationen neigt er zum emotionalen Rückzug und benutzt Kompensationsstrategien wie zum Beispiel Schokolade.

Liebenswert an ihm sind seine Echtheit und Authentizität im Gegensatz zu manch einem Blender. Genau diese Echtheit kann ihm aber sowohl im Berufs- als auch im Privatleben zum Verhängnis werden.

## Porträt:

»Der Körper als Leinwand des Lebens« ist das Motto desjenigen, der sich für ein großflächiges Porträt auf seiner Haut entscheidet. Er benutzt das eindrucksvolle Bild auf seiner Haut als Kompensation defizitärer Persönlichkeit. Aus psychologischer Sicht ist kaum nachvollziehbar, warum man sich ein inneres Bild, zum Beispiel der Angehörigen, auf die Außenfläche projizieren lässt. Vermutlich steckt dahinter ein tiefes Bedürfnis des Festhaltens und Stehenbleibens im Gegensatz zu Herausforderungen wie Erwachsen- oder Älterwerden.

Durch die Möglichkeit der Visualisierung dieser inneren Bedürfnisse und Ängste verfällt der Porträt-Träger außerdem nicht selten in eine Sucht, die erst mit der Bemalung großer Flächen des Körpers befriedigt wird. Geld und Zeit spielen hierbei für ihn keine Rolle.

## Symbole:

Der Träger eines Symbols strebt bewusst nach Doppeldeutigkeit – es geht einerseits um die vordergründige als auch um den Transport hintergründiger Botschaften. Im Gegensatz zum Tribal entscheidet sich der Symbol-Träger für ein Motiv, das eindeutig über eine zweite, klar umrissene Ebene verfügt.

Bekannte Symbole wie zum Beispiel der **Delfin** stehen vordergründig für Intelligenz, Unabhängigkeit und grenzenlose

Freundlichkeit. Sie können aber ganz andere, unterbewusste Botschaften beinhalten wie zum Beispiel, dass der Träger dieses Tattoos schwer greifbar, ohne eigene Überzeugungen und ohne feste Gesinnung ist. Zuweilen tut er sich schwer, im Hier und Jetzt zu leben, und muss oft in die Realität zurückgeholt werden. Er hängt gerne seinen Gedanken nach und schweift in Gesprächen in seine eigene Welt ab. Er braucht immer eine Fluchtmöglichkeit aus der Realität und belohnt sich mit einem Aufenthalt in seinen künstlichen Fantasien.

Generell sind Träger eines Tiersymbols freundliche, bodenständige und zuverlässige, mitunter einfältige Zeitgenossen.

Andere Symbole, wie zum Beispiel **chinesische Schriftzeichen**, deuten auf einen erhöhten Bedarf an Aufmerksamkeit hin. Die chiffrierten Nachrichten sollen den Betrachter dazu auffordern, nachzufragen und damit Interesse an der Person selbst zu zeigen. Es ist dem Träger derartiger Tattoos wichtig, innere Überzeugungen, Hobbys oder Gesinnungen der Außenwelt verklausuliert mitzuteilen, was auf Außenstehende sowohl reizvoll als auch gewollt wirken kann.

**Klassische Symbole** wie **Anker** oder **Kreuz** weisen den Besitzer als sich einer gewissen Gruppe zugehörig aus. Hier ist in der Regel kein Platz für Zweideutigkeit, die Botschaft ist klar und unmissverständlich. Diese Menschen sind geradlinig, puristisch und ehrlich. Sie stehen zu ihren Idealen, scheuen sich nicht, dem realen Leben ins Auge zu sehen und Probleme anzupacken.

## Namen und Sinnsprüche:

Derjenige der sich einen Namen tätowieren lässt, drückt damit seine emotionale Bindung und den Wunsch nach einer dauerhaften Verbindung aus.

Paare, die sich den Namen des Partners auf den Körper schreiben, möchten damit die Beständigkeit der Beziehung heraufbeschwören und diese auf eine Stufe des magischen Denkens heben. Namen von Kindern zu tätowieren, ist eine Form der Kompensation von Selbstzweifeln und der Suche nach Legitimation für die aktuelle Lebenssituation. So werden die Kindernamen gerne zur Schau gestellt als Beweis der Lebensleistung. Grundsätzlich sind diese Menschen getrieben von sehr hohen eigenen Ansprüchen und einem Hang zum Perfektionismus. Ihren Lebensinhalt stellen die Familie und eine dauerhafte Partnerschaft dar. Sie sind zuverlässig, treu und bieder, haben konservative Werte und pflegen dies auch in ihrem Umfeld.

Sinnsprüche wie »Carpe diem« oder »Just breathe« dienen der gebetsmühlenartigen Wiederholung einer dogmatischen Lebensweisheit, die man vielleicht endlich dann beherzigt, wenn man sie ständig vor Augen hat. Häufig weisen genau diese Sprüche auf das persönliche Defizit des Trägers hin. In der Regel handelt es sich daher bei den tätowierten Sinnsprüchen um Inhalte, die einen das ganze Leben begleiten, da sie sich nur allzu oft nicht komplett erfüllen. Deshalb besitzt diese Art des Tattoos lebenslange Aktualität. Die Glaubenssätze bleiben lesbar, auch wenn sie über die Jahre verblassen, verbeulen oder sich etwas aus der Form ziehen. Selbst faltige Sprüche regen noch in hohem Alter die Mitbewohner im Seniorenheim zur Diskussion an. In diesem Fall dient der Körper als Leinwand, um einen roten Teppich zur Seele des Trägers auszubreiten. Man gewinnt also einen direkten Blick auf die innersten Beweggründe eines Menschen.

Die Lebensmottos unter der Haut sollen darüber hinaus oft nicht nur den Träger selbst missionieren, sondern auch diejenigen, die die Botschaften lesen.

Aus Sicht des Tätowierten sollen diese Sprüche auch ihre Weltläufigkeit bis hin zum Benutzen einer toten Sprache – im Falle lateinischer oder altgriechischer Sprüche – andeuten. Leider werden diese philosophischen Sprüche nicht immer orthografisch korrekt auf die Haut gebracht. Schon ein kleiner Schreibfehler ist nicht nur peinlich, sondern führt manchmal die gesamte Aussage ad absurdum. Noch schwieriger wird es, wenn dies dem Träger selbst nicht auffällt und er von anderen darauf hingewiesen werden muss. Dann hilft manchmal nur noch der erneute Gang zum Tätowierer, um den Fehler unauffällig zu überdecken, was das Gesamtbild nicht unbedingt verbessert.

# Zwei Zimmer, Küche, Bad

## Was die Wohnung über die Persönlichkeit verraten kann …

Schon immer war der Wohnraum ein wichtiger Rückzugsort und Bezugspunkt für den Menschen und damit sehr hilfreich, wenn man mehr über jemanden erfahren möchte. Ganz egal, ob es sich um die Höhle der Vorzeit handelte oder um die moderne Wohnung von heute, der Raum, in den wir uns zurückziehen und den wir nach unseren Vorstellungen einrichten, bietet Schutz und Verlässlichkeit. Unsere Behausung ermöglicht durch die Behaglichkeit, die wir in unserer eigenen kleinen Welt empfinden, ein Loslassen vom Alltag und all seinen »Gefahren«. Denn das war es, was das Zuhause zu Zeiten des Höhlenlebens bedeutete: Schutz, Geborgenheit und Ruhe. In seinen eigenen vier Wänden darf man alle Wachsamkeit, die noch immer in uns schlummert, beiseitelassen und sein, wie man ist.

Hier hat man die Macht, selbst zu entscheiden, wer dieses Nest betreten darf und wer nicht, und so bleibt man zumindest meistens davor bewahrt, dass man sich unangenehmen Dingen stellen muss. Man schließt die Tür und damit das Tor zur Außenwelt. Damit wird ein wichtiger psychologischer Mechanismus bedient, denn wer sich zumindest zeitweise sicher fühlt, braucht in anderen Situationen nicht so viel Energie, um sich von anderen abzugrenzen.

Deshalb kommt es häufig vor, dass so lange an der Einrichtung der Wohnung geschraubt wird, bis sich das entspannte Wohlgefühl eingestellt hat.

Im Laufe der Zeit hat sich eine eigene Disziplin in der Psychologie entwickelt, die sich ausschließlich mit der Wirkung von Wohnräumen befasst. Und es ist erstaunlich, wie unterschiedlich die Menschen auf Farben oder Stoffe reagieren. Die einen fühlen sich nur in gut gefüllten Räumen mit warmen Farben wohl. Für andere ist diese Vorstellung beinahe erdrückend – sie finden ihre Ruhe nur in weitläufigen und karg eingerichteten Zimmern.

Diese Reaktionen sind sogar messbar. Der Puls und die Atmung beschleunigen sich, selbst die Frequenz der Hirnströme verändert sich. Dabei werden nicht nur die Sinne zur äußeren Wahrnehmung aktiviert, sondern auch die der feinstofflichen. Das heißt, es werden nicht nur Farben, Formen oder Beschaffenheiten wahrgenommen, sondern auch unterschwellige Reize wie Geruch oder Akustik. All das verarbeitet das Gehirn zu einem Gesamteindruck, einer Information, die wiederum körperliche Reaktionen freisetzt.

Die falsche Wohnumgebung kann auch krank machen. Der Körper befindet sich andauernd in einem Stresszustand, der unter anderem zu Schlafstörungen und sogar Depressionen führen kann. Deshalb ist die Entscheidung für eine bestimmte Wohnart auch meist eine, die aus dem Bauch heraus kommt. Jeder Mensch versucht, sein Heim so zu gestalten, dass er sich wohlfühlt und zur Ruhe kommen kann. Und genau aus diesem Grund liefert die Einrichtung einer Wohnung so viele wertvolle Informationen über eine Person.

Wäre da nicht das allseits bekannte Dilemma: Man möchte sich einen Rückzugsort schaffen, in dem man in der ganz persönlich gestalteten Privatsphäre sein darf. Aber gleichzeitig ist man sich dessen bewusst, dass auch diese eigentlich so privaten Räume uns nach außen hin repräsentieren müssen. Denn die meisten Menschen pflegen ihre sozialen Kontakte in der Form, dass auch ab und zu Besuch kommt. Jetzt gilt es das Gleichgewicht zwischen persönlichen Bedürfnissen und gesellschaftlichen Ansprüchen herzustellen. Auf der einen Seite hätte man vielleicht am liebsten eine kleine, enge Höhle, in der man sich ungestört zurückziehen kann. Auf der anderen Seite möchte man den Besuchern ein gutes Bild vermitteln und dazu gehört der richtige Geschmack. »Richtig« im Sinne von trendy, chic oder prachtvoll. So versucht jeder, seine unterbewussten Bedürfnisse in Einklang mit den darstellerischen zu bekommen.

Leider passiert es oft, dass gerade das nicht funktioniert und viele sich in perfekt gestylten Wohnungen wiederfinden, in denen sie sich aber eigentlich nicht wohlfühlen, weil sie keinen Raum für ihr Inneres geschaffen haben. Im schlimmsten Fall wurden dafür auch noch der finanzielle Rahmen gesprengt und die Wünsche der anderen Mitbewohner völlig missachtet.

## Der Repräsentationsraum:

Ein solcher Fall ist der Repräsentationsraum. Er trägt kaum Züge einer Persönlichkeit, sondern ist offensichtlich darauf ausgerichtet, den Blick auf das Innerste seines Bewohners zu verstellen. Vielmehr soll er den Besucher auf eine bestimmte Spur bringen. Dieser Raum vermittelt eine gewollte Persönlichkeit, aber oft nicht die echte und ist rein auf die Repräsentanz ausgerichtet. So findet man in diesem Raum Opulenz oder kühle Gediegenheit, je nach gewollter Außenwirkung. Der Bewohner fühlt sich selbst offensichtlich nicht wohl in seinem Wohnraum. Er wirkt wie zum Gast im eigenen Zuhause degradiert.

Schon seit jeher demonstrierten große Prachtbauten Macht und Reichtum, und das hat sich auch heute nicht geändert. Ein prunkvolles großes Haus beeindruckt und lässt einen ebenso eindrucksvollen Bewohner vermuten und den Besucher klein werden. Die Motivation dahinter ist, nicht nur den anderen zu zeigen, wer man ist, sondern auch sich selbst. Der Bewohner eines solchen Hauses erfüllt seinen unterbewussten Wunsch auf diese Art, um auf die anderen zu wirken.

## Die Designerwohnung:

Sie ist ein typischer Fall von Repräsentationsraum und Sinnbild einer unsicheren, nicht ausgereiften Persönlichkeit, die sich an vermeintlich stilsicheren Exponaten festhält und es häufig nicht vermag, mit Klassikern Akzente zu setzen, sondern vielmehr einen fremdbestimmten Wohnungsstil bevorzugt.

Hier findet sich wenig Persönliches und schon gar nichts unpassendes Persönliches. Das Ambiente ist beliebig und oft katalogesk. Es wirkt steril und unbelebt, ein Bewohner, der Lebenszeichen hinterlässt, wäre ein Fremdkörper fürs Gesamtbild. Hierfür benötigt der Besitzer der Wohnung allerdings Rat vom Fachmann.

## Die heimelige Wohnung:

Die heimelige Wohnung lässt sich nicht beschreiben – sie vermittelt vielmehr ein Gefühl. Sie zeichnet sich dadurch aus, dass die instinktive Wahrnehmung ein Gefühl der Ruhe und Gelassenheit entstehen lässt – und das vermittelt sich auch dem Betrachter. Der Bewohner ist im wahrsten Sinne des Wortes angekommen, im Inneren wie Äußeren.

Es sind vor allem die kleinen Dinge, die Wohnaccessoires, die in den meisten Wohnsituationen einen guten Dienst leisten können, um an den Charakter des Bewohners heranzukommen.

Sammelstücke aus vergangenen Urlaubstagen sowie Familienerbstücke oder persönliche Erinnerungen und Bilder von geliebten Menschen oder Haustieren geben dieser Wohnung den individuellen Touch.

Allein durch die Bilder erzählt der Besitzer eine biografische Geschichte und gibt Hinweise auf Herkunft, Bildung und sozialen Status. Auch Accessoires sind – insofern sie persönlich ausgewählt wurden – eine Art Spiegel der Persönlichkeit. Sie verraten vieles über die Vorlieben und Interessen, weil sie mit Sorgfalt aufgrund ihrer Bedeutung ausgesucht wurden. Es sind kleine Splitter der Persönlichkeit, die ein Wohlfühlen in einer neuen Umgebung möglich machen.

Die Entscheidung für bestimmte Wohnaccessoires wird dabei auch von verinnerlichten Themen beeinflusst, die ihren Ursprung zum Teil in der frühen Kindheit haben können. Jeder kennt das Gefühl, das aufgrund eines Einrichtungsgegenstandes oder Geruches, der an einen ähnlichen aus der Kindheit erinnert, aufsteigen kann. Sei es der beschützte, behagliche Moment, den man in Opas Schaukelstuhl erlebt hat, oder das wohlige Gefühl, das der Duft eines frisch gebackenen Kuchens hervorruft. Es geht dabei nicht hauptsächlich darum, die positiv behafteten Gegenstände oder Sinneswahrnehmungen unbedingt wiederzuerlangen. Aber es gibt eine Art Grundprägung, die eben in diesen Wohndetails fortgeführt wird, nur in einer aktuelleren Version.

## Die moderne Gelsenkirchener Barockwohnung:

Angefangen im Wohnzimmer ist sie geprägt von Wohnwänden, an denen Sofalandschaften ausgerichtet sind, die einen zentralen Blick auf den Flatscreen ermöglichen. Dazwischen findet man Sofatische, passend zum gesamtheitlich ausgesuchten Interieur, welche weniger zu dekorativen als eher zu Zwecken der Nahrungsaufnahme benutzt werden. Aussehen und Beschaffenheit der Möbel sind beliebig und wenig individuell.

Die Bewohner zeichnen sich durch Unkreativität, aber Zweckorientierung aus, und fühlen sich in der Grundstruktur des deutschen Wohnzimmers wohl.

Aufgrund der Ausrichtung des Wohnzimmers wird deutlich, dass Wohnen für diese Bewohner überwiegend aus Sitzen und Fernsehen besteht. Auch die restlichen Zimmer werden überwiegend komplett eingerichtet und spiegeln allenfalls in Accessoires die Individualität der Bewohner wider.

Diese sind oft von einer gewissen unkritischen Gelassenheit geprägt und haben das Glück, dass sie sich in vielen Wohnungen sofort wie zu Hause fühlen.

## Die IKEA-Wohnung:

Die Bewohner der schwedischen Wohnung legen Wert auf Design und Erschwinglichkeit ihrer Einrichtung. Dabei ist für sie Qualität und Haptik eher sekundär. Wenn sich ein Möbelstück in seine Einzelteile auflöst, wird es einfach ersetzt. Dauerhaftigkeit und Beständigkeit sind keine Kriterien für sie. Nach einem Umzug möblieren sie einfach neu.

Die Bewohner der IKEA-Wohnung denken wenig ökologisch oder nachhaltig, sie interessieren sich für das schnelle Glück. Dadurch sind sie immer stilistisch flexibel und bei den neuesten Trends der schwedischen Innovationen dabei, allerdings bemerken sie oft nicht, dass sie lemminggleich mindestens zwei Möbelstücke mit der restlichen Bevölkerung teilen.

Die Einrichtung schwedischer Möbelhäuser ist so populär, dass man getrost behaupten kann, beinahe in jedem deutschen Haushalt mindestens ein Exponat davon zu finden.

Die unerträgliche Leichtigkeit des Seins dieser Klientel wird spätestens beim Verzehr von höchstwahrscheinlich mit Resten von Autoreifen verunreinigten Köttbullar, zwei Stück à 1 Euro, hinfällig.

## Die beliebige Wohnung:

In dieser Wohnung, die meist von männlichen Bewohnern eingerichtet wurde, findet man ein Sammelsurium von Farben, Stilen und Einrichtungsgegenständen, deren Ursprung bis zurück in die Kinderzimmerzeit geht.

Diesem Bewohner sind Funktionalität und Kostenkontrolle wichtiger als Ästhetik und Ambiente. Seine Zeit verbringt er zumeist außer Haus, um dort sein spärliches Einkommen auszugeben. Menschen, die sich mit ihrer Einrichtung beschäftigen, unterstellt er gerne eine gewisse Oberflächlichkeit. Denn für ihn gibt es essenziellere Dinge im Leben als die Politur von Augenscheinlichem.

Der Wohnraum dient ihm zum Zwecke der Aufbewahrung seiner Habseligkeiten, zum Schlafen und Chillen.

# Im Keller ist es duster

## Welche Geheimnisse in der Dunkelheit des Kellers verborgen liegen …

Der Keller ist wahrscheinlich der Raum in jedem Gebäude, der die ambivalentesten Gefühle in einem Menschen hervorrufen kann. Für viele ist er der dunkle, undurchdringbare, unheimliche Bereich, der als Synonym für die menschlichen Abgründe verschiedenster Art steht. Es ist der Raum, der sich unter der Erde befindet und dabei meistens klaustrophobische Erinnerungen an Gräber weckt. Es ist ein unangenehmes Gefühl, aus der Wärme des Tageslichts hinab in die kalte Dunkelheit einer scheinbar ganz anderen Welt zu steigen. Allein durch die Art der Beschaffenheit der meisten Keller mit ihrem modrigen Geruch, der Dunkelheit und der Unübersichtlichkeit lassen sich dort unten unbekannte und unheimliche Dinge vermuten. Schon als Kind haben die meisten Menschen eine natürliche Abneigung davor, in einen Keller zu gehen, was sich oft im Erwachsenenalter nicht ändert. Manchmal kann sich diese Abneigung steigern bis zu einem überwältigenden Angstgefühl gleich einer Panikattacke.

Ein Mensch, der sich in einen Keller begibt, kann beinahe mit jeder klassischen Angst konfrontiert werden. Da gibt es die Angst vor den dort unten lauernden Insekten. Die Angst vor dem Gefühl der Enge, des Eingesperrtseins und des Alleinseins. Diese Ängste reichen schon aus, um ein wirklich unangenehmes Kopfkino von Tod, Hilflosigkeit und Bedrohung auszulösen. Das Vorstellungsvermögen erledigt den Rest. Es sind uralte Ängste und Fantasien des Ausgeliefertseins und der Ohnmacht. Nicht zuletzt ist es auch die Angst vor dem Tod, die in den grabähnlichen Räumen durchaus zutage treten kann. Dazu kommen Geschichten, die man vielleicht als Kind gehört hat, in denen die Rede von Geistern und alten Folterkerkern war.

Der Keller ist für die meisten Menschen auch ein Synonym für Krankheit, Gefängnis und unerklärliche Dinge.

Psychologisch gesehen ist der Keller wie der unbewusste Bereich in jeder Persönlichkeit, der sich perfekt für die Verdrängung eignet. Von dieser Macht des Unbewussten sprach schon Sigmund Freud Ende des 19. Jahrhunderts, als er entdeckte, dass verdrängte Themen die Seele und damit den Körper erkranken lassen können. Das Unterbewusstsein ist sozusagen symbolisch mit dem Keller gleichzusetzen – eine tief verborgene Instanz, die mehr Macht über den Menschen und seinen Körper hat, als man manchmal ahnt. Vor allem wenn in dieser Instanz Dinge vergraben werden, die besser aufgearbeitet werden sollten.

Vielleicht rührt auch die Angst vieler Menschen, in den Keller zu gehen, von der Angst her, sich mit unbewussten, aber ständig lauernden und verdrängten Themen auseinandersetzen zu müssen. Und vielleicht hat deshalb schon Freud erkannt, dass an manch eine Persönlichkeitsstruktur nur mit der Methode der Hypnose heranzukommen ist, um den Weg in den Keller des Unterbewusstseins überhaupt möglich zu machen.

Gerade dadurch, dass dieses Thema so emotional besetzt ist, verraten die Einstellung eines Menschen zu seinem Keller und der Umgang damit einiges über seine Persönlichkeit.

## Die Rumpelkammer:

Der Keller ist ein beliebter Ort zum Verstecken und Vergraben von Altlasten. Es gibt nichts Einfacheres, als die Dinge, mit denen man sich momentan nicht beschäftigen möchte, in den Keller zu packen, die Türe zu verschließen und das Licht auszuschalten.

Der Rumpelkammer-Besitzer hat häufig ein beinahe messiehaftes Chaos auf den wenigen Quadratmetern angesammelt. Erlebnisse und Erfahrungen werden an einem sichereren Ort verstaut, aber, wenn es geht, nicht mehr an die Oberfläche gelassen. Meistens lässt sich dieses Verhaltensmuster auch auf das Fällen von Entscheidungen ausweiten. Der Mensch, der sich nicht dazu durchringen kann, Tabula rasa in seinem Kellerabteil zu machen, ist meist derjenige, der auch im alltäglichen Leben nicht zu den entscheidungsfreudigsten gehört. Statt Lösungen auf den Weg zu bringen, ignoriert er gerne Rechnungen, Krankheiten oder generell unliebsame Themen. Er agiert dabei oft wie der Vogel

Strauß, der seinen Kopf in den Sand steckt, weil er glaubt, dass er dann von den anderen nicht gesehen wird.

In Beziehungen werden Probleme oft lange im eigenen Saft gekocht, anstatt dafür Lösungsstrategien zu finden. Oft bedarf es eines vehementen Anstoßes von außen, um Veränderungen herbeizuführen. Doch selbst nach Teilerfolgen ist es häufig zu beobachten, dass dieser Typ am Ende wieder in seine alten Verhaltensmuster zurückfällt. Deshalb kann eine Beziehung mit diesem Menschen zu einer Geduldds- bzw. Zerreißprobe werden.

Der Verdränger funktioniert nur so lange im Alltagsgeschehen gut, bis er auf ein unaufschiebbares Problem stößt, auf das er keine Lust hat. Deshalb sind partnerschaftliche Beziehungen zu diesem Typ relativ anstrengend, denn Probleme werden einfach ausgeblendet.

Es fällt dieser Person meistens schwer, sich von Dingen oder auch Menschen zu lösen. Manches wird wie eine Art Altlast aufbewahrt und auch bei jedem Umzug wieder mitgenommen, um erneut aufgehoben zu werden. Hier spielt auch das Thema des Loslassens eine große Rolle, was für viele Menschen sehr schwer ist.

Jeder ist der Erschaffer seines eigenen Kellers, im Grunde müsste jeder wissen, was in seinem Keller auf ihn zukommt, und sollte deshalb nicht nervös werden. Der Verdränger jedoch packt seinen Keller so lange voll, bis ihn irgendwann seine Probleme überrollen. Doch dann ist es meist schon zu spät.

## Das perfekt organisierte Lager:

Der ordnungsliebende Typ besteht auf Regale und Ordnung. Der Raum ist gut beleuchtet und die aufzubewahrenden Dinge sind nach Themen geordnet. Dieser Mensch hat aufgeräumt, und das wahrscheinlich in den meisten Bereichen seines Lebens. Alles hat seinen Platz, für jede Situation oder für jedes Utensil hat er eine eigene Schublade. Er ist ein Meister im Kategorisieren und ist schnell überfordert, wenn er etwas nicht in sein Ordnungssystem einordnen kann. Sein Motto ist: »Was nicht passt, wird passend gemacht.« Es heißt aber noch lange nicht, dass er deswegen kein mulmiges Gefühl haben muss, wenn er in den Keller geht. Denn oft verbirgt sich hinter der akribischen Ordnung eine noch tiefer vergrabene Leiche. Es könnte sein, dass der ordnungsliebende Typ diese aufgeräumte Umgebung dringend für sich und seine aufrechtzuerhaltende Struktur benötigt, ohne die er seinen Alltag nicht bestreiten könnte. Es lohnt sich hier also, manchmal etwas genauer hinzuschauen.

Je akribischer die Ordnung ist, desto zwanghafter der Charakter. Er kann es kaum aushalten, wenn etwas nicht dort ist, wo es eigentlich hingehört.

In Beziehungen fordert dieser Mensch Konformität, Gewissenhaftigkeit und absolutes gegenseitiges Vertrauen. Zugleich ist ein hohes Maß an Toleranz notwendig, um mit diesem Typ in einer Beziehung zu leben, da er nie völliges Vertrauen entwickeln wird und sich immer ein Stück Kontrolle zurückbehalten muss. Weder in intimen noch in emotionalen Situationen wird er sich je ganz fallen lassen können. Die Hingabe an eigene Bedürfnisse und Gefühle erachtet er als gefährlich, da dies in seiner Wahrnehmung zu Normverstößen führen kann und deshalb als störend empfunden wird. Er lenkt gerne von seinen Gefühlen ab und fühlt sich wohl in einer kontrollierten Kühle.

Spontanität und ungeplante Aktionen sind ihm ein Graus, vielmehr noch erachtet er diese als potenziell gefährlich, da sie nicht genau durchdacht und überprüft wurden. Eine Abweichung vom Geplanten birgt für ihn das Risiko von Katastrophen.

Aus diesem Grund sollte sich der zukünftige Partner zuvor darüber im Klaren sein, dass aus spontanen Überraschungen mit diesem Keller-Typ garantiert nichts wird. Dafür holt man sich jemanden an die Seite, der sicher nicht hintergründig manipulativ ist, sondern offen und bestimmend Regeln setzt.

## Der unbekannte Keller:

Es gibt aber auch Menschen, die ihren Keller noch nie gesehen haben. Entweder weil die Angst zu groß ist oder weil er sie schlichtweg nicht interessiert. Für die Persönlichkeitsanalyse sind beide Motivationen sehr interessant. Was macht zum Beispiel ein Mensch, der keinen Keller braucht? Ist er so perfekt organisiert, dass der Inhalt seiner Wohnung genau auf die Quadratmeterzahl angepasst ist? Oder kann er gut wegwerfen? Auch das wäre ein wichtiger Charakterzug. Auf alle Fälle handelt es sich um einen Menschen, der keinen geheimen Ort braucht, um etwaige Altlasten oder lieb gewordene Dinge zu lagern. Hier stellt sich jedoch folgende Frage: Hat er alles fein säuberlich aufgeräumt oder mit völliger Emotionslosigkeit entfernt?

Dieser Keller-Typ ist ein sehr rationaler Mensch, der sich nicht verlustiert oder hinreißen lässt, sondern stets Herr seiner Entscheidungen ist und es nicht zulässt, dass die Gefühle über seine Ratio bestimmen. Es macht ihm im Gegenteil sogar Angst, wenn Gefühle oder Emotionalität überhandnehmen.

Mit diesem Menschen an der Seite muss man sich keine Sorgen machen, dass man ungeplant Luxusgüter erwirbt oder ausschweifende Partys feiert, geschweige denn wochenlang in exklusiven Resorts seinen Urlaub verbringt.

Dieser Typ ist bausparversichert und fährt ein Auto mit einem guten Preis-Leistungs-Verhältnis, das auch noch günstig in der Versicherung ist, und bewohnt eine nicht zu große Wohnung in einem durchschnittlichen, aber ordentlichen Viertel der Stadt.

Auf der anderen Seite hat man hier einen verlässlichen und überlegten Partner an seiner Seite, dem man sein volles Vertrauen schenken kann.

Wer sich jedoch tatsächlich nicht in seinen Keller traut, bei dem ist ein sehr starker Drang zur Vermeidung der Auseinandersetzung mit dem Unbewussten zu vermuten. Lauern hier Ängste aus der Vergangenheit? Oder hat diese Person vielleicht Schwierigkeiten, sich mit ihrem triebhaften Ich auseinanderzusetzen?

## Der Hobbykeller:

Wer kennt nicht jene, die ihren Keller zu ihrem eigenen kleinen Reich ernennen. Dort werden dann Hobbyräume oder kleine Werkstätten eingerichtet, die der Muse und Zerstreuung dienen sollen. Die Aussage, die sich über die Persönlichkeit dieser Menschen treffen lässt, ist folgende: Sie können und wollen mit sich allein sein. Ein Mensch mit Hobbykeller braucht den Abstand und die Ruhe, um zu entspannen und seine Gedanken zu sortieren. Im Extremfall kann dieser angenehme Rückzugsort aber auch zu einer Art freiwillig gewähltem Exil werden. Das passiert dann, wenn der Betreffende immer mehr Freude am Alleinsein hat und diese Distanz zu seinem realen Leben zunehmend braucht. Er zieht sich zurück in sein unbearbeitetes Unterbewusstes und will ungestört in seiner Welt bleiben.

Dabei kann er auch sehr ungehalten reagieren, wenn ein Außenstehender versucht, in seine Welt einzudringen. Er braucht einen Rückzugsort beziehungsweise eine Entfaltungsebene, die vor den Blicken anderer geschützt ist.

Den Keller als Rückzugsraum für die eigenen Hobbys zu nutzen, kann aber auch sehr hilfreich und entlastend sein – und wieder den Brückenschlag zur »realen« Welt ermöglichen: So gibt es viele Menschen, die zwar allein vor sich hin arbeiten, dann aber die Verknüpfung zur Außenwelt herstellen, indem sie das geschaffene Werk, wie fertig gebaute Modelleisenbahnen oder die selbst entwickelte Fotoserie, stolz anderen zeigen.

## Der heimliche Keller:

Ein anderes Thema ist, wenn der Keller als Versteck genutzt wird. Ein Versteck vor anderen, die von einer bestimmten Sache nichts erfahren sollen. Denn da passiert sehr bewusst genau das, was besser nicht an die Öffentlichkeit gelangen soll. Der Besitzer eines »heimlichen Kellers« ist sich im Klaren darüber, dass er etwas zu verbergen hat, sei es aus schlechtem Gewissen oder Scham. Dieser Keller-Typ kann dennoch gesellig sein, dann umgibt er sich aber sehr gezielt nur mit seinesgleichen.

Im heimlichen Keller hat er Platz, seine Neigungen auszuleben. Sei es die Liebe zu seiner Kellerbar oder sexuelle Vorlieben. Dazu schafft er bewusst eine entsprechende Atmosphäre und ein thematisches Ambiente.

Nicht selten steht der heimliche Keller in extremem Gegensatz zu der Außenwirkung seiner Person, auf die er viel Wert legt. Häufig ist er beruflich erfolgreich und hoch angesehen, sodass ihm dieses Stigma nachteilig ausgelegt werden würde. Gerade die Heimlichkeit und der Hauch des Verbotenen inspirieren ihn. Dabei blockiert er sich auf eine spezielle Weise, denn es kann keine Verarbeitung stattfinden, wenn man bewusst Probleme in den dunkelsten Raum der Persönlichkeit packt.

Dieses Geheimnis seiner Persönlichkeit hütet er gut und es braucht einige Mühen, um zu dieser Person – und in ihren Keller – vordringen zu dürfen. Hier fühlt sie sich sicher und kann ihren Vorlieben freien Lauf lassen, ohne Tabus.

Der Besitzer eines heimlichen Kellers achtet penibel darauf, dass sein Geheimnis gut gehütet ist, und obwohl er stolz auf seine kleine zweite Welt ist, ist ihm klar, dass dies in den Augen anderer als verwerflich angesehen würde. Sprichwörtlich geht er zum Lachen in den Keller, um die Hüllen seiner Konformität fallen zu lassen.

Bei diesem Typ handelt es sich um einen eher introvertierten Menschen. Oft ist er auch Meister der Maskerade. Es fällt einem ungeschulten Menschen sehr schwer, hinter die Mauer zu blicken und den Charakter dahinter zu erkennen. Das schlägt sich auch im Beziehungsleben nieder. Denn gerade die Menschen, die Dinge in ihrem Keller verstecken – oder Emotionen in ihrem Unterbewusstsein –, wirken meistens sehr optimistisch und offen auf ihre Umwelt. Erst wenn jemand zu nahe an das Wohlbehütete kommen könnte, kann es auch passieren, dass man sich einem ganz anderen Menschen gegenübersieht. Das kann zu Unverständnis und Streit führen.

## Der Weinkeller:

Der Besitzer eines Weinkellers ist der Hüter eines für ihn wertvollen Schatzes, den er mit großem Interesse und Leidenschaft sowohl befüllt als auch wieder leert. Besonders interessiert er sich für Raritäten und das qualitativ Hochwertige – er ist Kenner seines Faches. Seine Sammelleidenschaft geht nicht selten an die Grenzen seines Budgets, aber der Stolz des Besitzes ist ihm das wert.

Gerne breitet er sein fundiertes Weinwissen, oft ungefragt, in Gesellschaft aus. Er ist mit seinem überkritischen, besserwisserischen Habitus ein schwieriger Gast bei Einladungen.

Die Begeisterung für sein Hobby geht oft über die gesundheitlichen Grenzen hinaus.

Auch in seinem sonstigen Umfeld legt er Wert auf Prestige und die schönen Dinge, was er auch immer wieder nach außen trägt. Dabei kann es passieren, dass er zur Befriedigung seines Hobbys rücksichtslos mit Familienmitgliedern oder Partnern umgeht.

Der Schein ist ihm oft wichtiger als echte Gefühle. Die persönliche Identität dieses Menschen ist an Werte und Normen gebunden, dabei sind ihm die leiblichen Genüsse sehr wichtig.

Im Beruf ist er ehrgeizig und karriereorientiert, er sieht sich dabei eher als Individuum statt als Teamplayer. Glück und Sinn des Lebens definiert er über materielle Dinge und das persönliche Ansehen in seinem Umfeld. Häufig plagt ihn das Gefühl, etwas zu verpassen, und er ist getrieben von einer ständigen Unruhe, seinen anspruchsvollen Lebensplan zu verwirklichen. Man könnte ihm hier einen übertriebenen Egoismus vorwerfen, der sich aber, sobald seine Lebenspläne erreicht sind, in eine liebevolle Fürsorge für seine Familie umkehrt.

# 2, 3 – Cha-Cha-Cha

## Was der Tanzstil über die Persönlichkeit verraten kann …

*»Zeig mir, wie du tanzt, und ich sag dir, wer du bist …«*

Frida Gold

Der Songtext von Frida Gold deutet schon an, wie viel ein Mensch von sich verrät, wenn er tanzt. Manch einer geht sogar so weit, zu sagen, dass die Art des Tanzens ein Spiegel der Seele ist. Und diese Meinung kommt nicht von ungefähr, denn Tanzen ist Ausdruck, und wenn der Tanzende genügend Freiraum und Möglichkeit hat, sich wirklich unbeschwert auszudrücken, ist der Tanz gleichzeitig eine Möglichkeit zur Entfaltung der Persönlichkeit.

Leider fällt es den meisten Menschen schwer, sich, meist unter der Beobachtung anderer, frei der Musik hinzugeben. Da gibt es die Angst vor dem Versagen als schlechter Tänzer oder auch einfach ein peinlich berührtes Gefühl, wenn man zu viel von sich selbst zur Schau stellen soll.

Schon aus der Tatsache an sich, dass ein Mensch überhaupt auf die Tanzfläche geht, lässt sich viel über den Charakter eines Menschen herauslesen.

Mindestens genauso viele Informationen lassen sich aus der Wahl eines bestimmten Tanzstiles beim Einzel- und Paartanz ableiten. Wenn möglich, sucht sich jeder den Tanz, der ihm am meisten liegt und damit auch das meiste seiner Persönlichkeit spiegelt, bewusst oder unbewusst.

Doch ob mit Partner oder ohne: Selbst bei der verhaltensten Art zu tanzen zeigt jeder Mensch etwas von der eigenen Persönlichkeit – sogar wenn es sich um komplett einstudierte Choreografien handelt. Es ist die Art der Ausführung und der Bewegung, die Aufschluss geben kann. Und dabei geht es weniger um die Grundeigenschaften, ob jemand zum Beispiel gutes Rhythmusgefühl hat oder ob demjenigen die perfekten Bewegungen in die Wiege gelegt wurden. Der Ausdruck beim Tanzen kommt aus der eigenen Persönlichkeit und dabei ist die Qualität der Ausführung nicht ausschlaggebend.

## Der Nichttänzer

Man trifft ihn in jedem Lokal, in dem Musik läuft, den Typ, der an der Bar steht und mit dem Kopf zum Takt nickt. Einige davon gesellen sich im Laufe des Abends zu den aktiven, meist weiblichen Tänzern. Die meisten bleiben jedoch am Tresen kleben. Sie versuchen, mit diesem Verhalten die vermeintliche Blamage auf der Tanzfläche zu vermeiden, und verstecken ihr Unvermögen hinter fadenscheinigen Ausreden.

Vor allem Männer denken oft, sie seien keine guten Tänzer, und haben Angst vor einer Blamage. Aber auch das sagt etwas aus. Egal ob scheinbar schüchtern oder Macho, am Ende ist es wahrscheinlich doch eine sensible Seite, die davor warnt, sich vielleicht lächerlich zu machen. Denn genau sie sind es, die sich in ihrem Auto zu lauter Musik an der Ampel stehend völlig frei und lautstark ausleben.

Wobei dieses Tanzverhalten auch stark kulturell geprägt ist und vor allem in den westlichen Ländern zu finden ist. Die meisten Männer sind hierzulande der Meinung, dass es den Frauen überlassen sein sollte, sich zur Musik zu bewegen. Männliches tänzerisches Geschick ist eher in Fußballstadien oder Festzelten zu beobachten. In vielen anderen Kulturen ist Tanzen Teil einer zur Schau gestellten Männlichkeit und wird auf diese Weise traditionell weitergegeben.

## Der Paartänzer

Zunächst eine grundsätzliche Bemerkung zum Paartanz: Idealerweise sollte beim Paartanz jeder der Tanzpartner auf sein Gegenüber eingehen. Jeder hat den Raum, sich selbst darzustellen, aber immer mit der Rücksicht auf den anderen.

Nur zu häufig sind die Beweggründe, sich dem Paartanz zu widmen, völlig unterschiedlicher Natur. Die Paartänzerin ist in der Regel offen für die Herausforderung, die der Partner durch seine Persönlichkeit mit sich bringt, aber auch willens, ihr eigenes Ego zugunsten des anderen hintanzustellen.

Für den männlichen Part hingegen ist der Paartanz auch oft ein Gerangel um Dominanz, Eroberung und Macht. Er genießt es, in alte patriarchalische Muster einzutauchen und seinem männlichen Rollenverständnis freien Lauf zu lassen.

## Der Discofox-Tänzer:

Den Discofox-Paartänzer trifft man am Wochenende in den einschlägigen Clubs. Er wirbelt elegant übers Parket und genießt dabei das Bad in der Menge. Bei einem geeigneten Lied bahnt er sich mit seinem Partner im Schlepptau den Weg auf die Tanzfläche und benötigt aufgrund seines großen Könnens immens viel Platz, sodass die übrigen Mittänzer nur die Möglichkeit haben, sich kreisrund um das Paar zu scharen.

Häufig geschieht dies erst zu vorgerückter Stunde, wenn der Entschluss zu diesem Tanz ausreichend an der Bar, bei einigen Longdrinks, reifen konnte. Angefeuert durch die Selbstüberschätzung ist es oft nur der Tänzer, der seine Darbietung genießen kann. Allen anderen geht er damit grundsätzlich auf die Nerven, mitunter sogar dem mittanzenden Partner.

Dabei ist dieser Tanz-Typ im wahren Leben gar nicht so ein Selbstdarsteller, sondern eher zurückhaltend, bieder und höchst anpassungsfähig. Seine Stärke ist es, es sich gut gehen zu lassen und trotzdem in einer grauen Masse verschwinden zu können.

## Der Tango-Tänzer:

Er ist meist älteren Semesters, aber blutjungen Herzens. Er strotzt vor Lebenslust und Freude, schätzt sein erotisches Moment als unbeschreiblich ein und liebt den hemmungslosen Ausdruck dieses tief emotional-erotischen Tanzes. Leider nutzen manche männliche Tango-Tänzer die Gunst der Stunde, um eine Nähe zu ihrer Partnerin zu suchen, die sie ohne den Tango niemals erreichen könnten. Dabei steht gerade dieser Tanz für das Spiel von Nähe und Distanz zwischen den Geschlechtern, locken und zurückweisen, versprechen und versagen.

Paare, die sich für diesen Tanz entscheiden, sehen das Ganze meist als sportliche Herausforderung und gemeinsames Hobby, bei dem sie sich aus den Vorstädten der Großstädte in das Zentrum begeben, um dort mit Gleichgesinnten ihrer lateinamerikanischen Affinität frönen zu können. Nach dem Tanzabend in den einschlägigen Tanzzentren gönnen sie sich gerne noch einen Sundowner mit Schirmchen an der Bar.

Tango-Tänzer sind meist aufgeschlossene, freundliche Menschen mit einem leichten Hang zur Biederkeit. Sie nutzen die Bühne der Tanzfläche, um die tief in ihnen schlummernde feurige Leidenschaft ausleben zu können. Hier können sie aus dem gewohnten Alltag gemeinsam mit anderen ausbrechen.

## Der Walzer-Tänzer:

Walzer-Tänzer fühlen sich in der klaren Linienführung und Rollenverteilung in diesem Tanz der oberen Gesellschaftsschichten wohl und zu Hause. Sie besuchen gerne Bälle, auf denen sie mit Hunderten anderer Paare im Walzerstau auf der Tanzfläche stehen und sich zu Johann Strauß im Wiegeschritt bewegen. Der Walzer-Typ ist in der Regel gesellschaftlich angesehen, fühlt sich im Frack genauso wohl wie im Jagdoutfit und weiß sich dabei auf jedem gesellschaftlichen Parkett zu bewegen.

Sein Ansehen ist ihm wichtig, genauso wie seine Außenwirkung, die immer perfekt zum jeweiligen Ereignis passt. Er schätzt das Leben und die Liebe, denn hinter seiner traditionellen Fassade schlummert oft auch ein unkonventioneller Draufgänger.

Kommt man ihm in die Quere, kann er aber auch äußerst unangenehm reagieren.

Seine Tanzpartnerin gehört meist zu den akademisch gebildeten Personen, hat sich aber in die unterstützende Rolle der Partnerin eingefunden. Sie akzeptiert die gesellschaftliche Konvention und lässt sich führen. Sie hat gelernt, eigene Interessen hintanzustellen. Als Ausgleich dafür trifft sie sich mit ihren Freundinnen zum Wellness, bei Vernissagen oder beim Shoppen. Sie belohnt sich damit für ihre Arbeit, die sonst keiner honoriert.

## Der weibliche Gruppentanz:

Er soll hier als eine besondere Art des gemeinschaftlichen Tanzens nicht unter den Tisch fallen.

Oft kann man die weiblichen Besucher eines Clubs beobachten, wie sie sich in Gruppen auf die Tanzfläche begeben. Dieser Zusammenschluss verspricht neben Gemeinsamkeit auch das Gefühl von Sicherheit und Geborgenheit. »Zusammen sind wir stark« ist das Motto. Die Gruppe verleiht der Einzelnen dabei das Gefühl der Sicherheit.

Innerhalb der Gruppe etabliert sich ein Schwarmverhalten, das einzelne Mitglieder zu einer gemeinsam agierenden Einheit verschmelzen lässt. Interessant zu beobachten ist unter anderem der Tanzstil, der sich angleicht, genauso wie die Tanzdauer. Alles wird gemeinsam begonnen und auch beendet. Der Tanz in der Gruppe wird aber auch für Gespräche untereinander genutzt.

Oft fällt es den schüchternen und weniger selbstbewussten, aber tanzmotivierten Frauen leichter, sich im Schutz anderer auf die Tanzfläche zu begeben, da sie dann vermeintlich nicht so viele Blicke auf sich ziehen beziehungsweise in der Gruppe untertauchen können.

Dieses Rudelverhalten löst dagegen bei manchen Männern Befremdung aus und führt dazu, die Gruppe der tanzenden Frauen eher nicht anzusprechen.

Für die meisten Frauen steht hinter den Gruppenaktionen das reine Tanzvergnügen ohne Störfeuer.

Wie im Rudel üblich, neigen die meisten der gruppentanzenden Damen dazu, die anderen Tanzenden und Umstehenden sehr oberflächlich zu beurteilen. Sind sie nicht vergeben und daran interessiert, sich durch einen Mann an ihrer Seite ihre Lebensstellung zu verbessern, sind gesellschaftlicher Stand und Einkommen wesentliche Kriterien. Dabei gehen sie mitunter kühl und entschieden vor, hier dominiert der Kopf das Herz.

Der Besuch eines Clubs ist für diese Frauen ein seltenes Vergnügen, am wohlsten fühlen sie sich zu Hause. Sie haben einen ausgeprägten Drang zur Dekoration des Heimes, dabei ist ihre Wohnung stets akkurat aufgeräumt, als hätte sie eher Repräsentations- als Wohncharakter.

Die weibliche Gruppentänzerin ist sparsam und überlegt in ihren Einkäufen. Mitunter kauft sie Marken und Luxusbekleidung in Outlets. Ihr Äußeres ist ihr sehr wichtig, genauso wie ihre eigenen und die Manieren anderer. Fleckenteufel erhalten bei ihr keine zweite Einladung.

Sexualität dient ihr eher der Fortpflanzung als der Lustbefriedigung, obwohl ihr attraktives Äußeres so manchem Mann etwas anderes verspricht.

Das Akkurate ihrer Wohnung führt sich auch in ihrem Beruf fort, wo sie Akribie und Genauigkeit an den Tag legt und durch einen gerechten und rücksichtsvollen Umgang mit Kollegen glänzt.

## Der Einzeltänzer

### Der Discofox-Einzeltänzer:

Er benutzt den normalerweise als Paartanz gedachten Discofox als Solotanz. Dabei ist es ihm nicht immer bewusst, dass es sich eigentlich um einen Standard-Tanz handelt. Er findet diesen Tanz ideal, da er der Meinung ist, nicht gut tanzen zu können. Ihm ist es wichtig, sich auf sicherem Terrain zu bewegen. Wer den Discofox bevorzugt, möchte nicht experimentieren und dabei vielleicht Fehler machen. Es handelt sich um den eher schüchternen Typ mit leichten Selbstzweifeln. Es geht ihm nicht darum, Aufmerksamkeit zu erregen und mit großen tänzerischen Leistungen das Publikum zu begeistern.

Der Discofox-Tänzer ist meist ein zurückhaltender, bodenständiger Mensch, der unvorhersehbare Vorfälle nicht unbedingt in seinem Leben haben will. Damit ist er aber auch gleichzeitig ein zuverlässiger Zeitgenosse, der sehr sensibel auf sein Umfeld eingehen kann. Aber es liegt nicht in seinem Interesse, durch seine Art zu tanzen viel von sich selbst preiszugeben. Das macht der eher introvertierte Mensch lieber in einem Gespräch.

Es ist somit nicht gesagt, dass es sich beim Discofox-Einzeltänzer um den egoistischen Typ handelt, der Probleme hat, sich auf andere einzustellen. Im Gegenteil handelt es sich oft gerade bei diesen Tanz-Typen um die eher schüchternen Kandidaten, die niemand anderen stören wollen und sich oft auch einfach nicht trauen, einen Tanzpartner anzusprechen.

### Der ausdrucksstarke Einzeltänzer:

Der experimentierfreudige Einzeltänzer gibt wahrscheinlich den tiefsten Einblick in seine Persönlichkeit. Er setzt eine

Vielzahl von Moves und Bewegungen ein, um sich an die jeweiligen Stimmungen der Musik anzupassen.

Diese Tanzart wird entweder von relativ selbstbewussten Menschen gewählt oder von Leuten, denen es egal ist, ob sie beobachtet werden. Sie stehen zu ihrer Außenwirkung und zeigen sie auch. Wenn es jemandem nicht passt, dann kann er ja wegsehen. Und damit ist die Grundeigenschaft des ausdrucksstarken Einzeltänzers gegeben. Er ist im Einklang mit sich, hat seine Art zu leben gefunden, akzeptiert sie und hat keine Scheu davor, das beim Tanzen zu zeigen. Mitunter hat er das Problem, zu offen und redselig zu sein, was bei anderen auf Unverständnis treffen kann. Er überschreitet in seiner Art zu tanzen oft eine Grenze, was nicht für jedermann nachvollziehbar ist.

Es muss aber nicht immer der extrovertierte, »freie« Mensch hinter dieser Fassade stecken. Oft kann man auch einen ganz anderen Ausdruck erkennen: Traurigkeit und Verzweiflung. Durch diese Emotionen wird der Tänzer auch frei zu zeigen, was er fühlt. Er macht in diesem Moment sich und seinen Emotionen Luft, und deshalb ist es unerheblich, ob es Zuschauer gibt oder nicht.

In beiden Fällen gilt: Der ausdrucksstarke Einzeltänzer ist sich seiner Emotionen bewusst und kann sie formulieren, ohne darüber nachzudenken, ob ihm das zum Vorteil gereicht.

Oft findet man diese Menschen in kreativen, sozialen Berufen, mit denen sie sich identifizieren und Großartiges für die Allgemeinheit leisten.

Er legt Wert auf eine gesunde Ernährung und tauscht gerne das Automobil gegen die Trekkingsandale. Erleben und erfahren ist ihm wichtiger als besitzen und sparen.

## Der lockend-aufreizende Tänzer:

Wer lockend tanzt, hat dabei etwas ganz anderes im Sinn als der Ausdruckstänzer, denn er möchte nicht wirklich etwas von seiner Seele preisgeben. Männliche wie weibliche Kandidaten sind auf der Suche nach einem Partner oder zumindest Aufmerksamkeit, das wird unmissverständlich mithilfe der entsprechenden manierierten Tanzbewegungen klargemacht. Mit dem Zurschaustellen der eigenen körperlichen Vorzüge versucht er, seine Unwiderstehlichkeit zu transportieren.

Welche Person wirklich hinter diesem Auftritt steckt, kann oft nicht erkannt werden. Denn wenn eine Person auf Partnersuche ist und dieses Mittel zum Zweck gewählt hat, kann es sich genauso um einen sehr selbstbewussten Menschen handeln wie um einen schüchternen, der sich nicht anders zu helfen weiß.

Offensichtlich ist aber, dass dieser Tanz-Typ eines Hilfsmittels bedarf oder einer Fassade, um sich Anerkennung oder einen Partner zu angeln. Möglicherweise steckt dahinter ein wenig illustrer Blender, ein Hansdampf in allen Gassen, bei dem man nicht weiß, ob er eine Trophäe oder die Liebe seines Lebens sucht. Was er will, weiß er möglicherweise selbst nicht. Die Ambivalenz zwischen seinem hohen Anspruch an sich und der tristen Realität ist ihm schon das ein oder andere Mal schmerzhaft bewusst geworden.

## Das Boxenluder:

Für manch eine Clubbesucherin ist es das Ziel und die Erfüllung des Abends, das erhöhte Podest der Box (oder – je nach Raumgestaltung – die Stange oder den Käfig) zu erklimmen und in den Olymp des Selbstwertgefühls einzutreten. Sie liebt es, sich der schwitzend-grölenden Menge zu präsentieren. Unverblümt stellt sie ihre Reize zur Schau, die sie vorher durch entsprechende Kleidung und Make-up hervorhebt. Nicht nur die Nägel, sondern auch die Frisur sind perfekt auf den Einsatz am Abend abgestimmt. Sie braucht das Bad in der Menge und zieht daraus Bestätigung und definiert sich über die Begehrlichkeit der männlichen Blicke.

Stutenbissig verteidigt sie ihr Revier gegen andere Konkurrentinnen, die ihr die Vormachtstellung streitig machen wollen.

Hintergrund ist neben der Selbstpräsentation auch der Wunsch nach einem festen Partner. Sie versteckt ihre Unsicherheit oft gekonnt hinter einer aufwendig gestalteten Fassade. Gelingt es jemandem, hinter diese Kulissen zu blicken, findet man neben Verletzlichkeit und Selbstzweifeln auch den Wunsch nach Geborgenheit und Zuneigung. Leider verfehlt ihre Strategie nur allzu oft ihr Ziel, da die Kontaktaufnahme meist nicht über einen Drink an der Bar hinausgeht.

Auch der ein oder andere männliche Clubbesucher genießt seinen Auftritt auf der Box. Für ihn steht der Tanz über der Menge für eine als real empfundene Überlegenheit. Typisch sind hier Tanz- und Handbewegungen, die suggerieren sollen, er lenke und leite die tanzende Meute.

Für beide Geschlechter ist in der Regel von einer eher unrepräsentativen beruflichen Tätigkeit auszugehen. Boxentänzer leben meist allein oder befinden sich in sehr unverbindlichen Beziehungen.

### Der unauffällige Freestyler:

Er ist ein entspannter und unaufdringlicher Tänzer. Er bewegt sich nur dann auf die Tanzfläche, wenn ihm die Musik gefällt, er betrunken genug ist und weil es ihm in dem Moment einfach Spaß macht.

Sowohl die männlichen als auch die weiblichen Vertreter dieser Spezies verschwinden gerne im Bad der Menge auf der Tanzfläche und bewegen sich aus purem Genuss zum Takt der Musik.

Sie sind dabei unaufgeregt und entspannt – es besteht für sie keinerlei Grund, ihr Ego durch ihre Art zu tanzen zu bestätigen.

Wenn sie tanzen, dann frei und nur um des Tanzens willen. Beruflich und auch privat sind sie im Wesentlichen mit sich im Reinen und betreiben Selbstfürsorge, indem sie wohlwollend auf ihre eigenen Bedürfnisse eingehen.

Sie haben dabei sehr erwachsene Lebens- und Problemlösestrategien und sind in der Lage, durch Kompromisse ein angenehmes Miteinander zu schaffen.

Leider ist ihr Anspruch oft ein wenig mittelmäßig. Nennenswerte Ecken und Kanten sucht man bei ihnen oft vergebens.

# Gelb, Rot – oder doch lieber Grün?

## Welches Persönlichkeitsbild die Lieblingsfarbe malt …

Aufgrund der Wahl einer Lieblingsfarbe kann man gewisse Rückschlüsse auf den Charakter und das Wesen einer Person ziehen. Deshalb werden zum Beispiel Farbtests bei Einstellungs- oder Heilverfahren mit gutem Erfolg eingesetzt. Durch sie kann ein Einblick in die Persönlichkeit oder die Psyche eines Menschen gewonnen werden, der in diesen Bereichen von großem Nutzen sein kann.

Dabei sind die angegebenen Lieblingsfarben aber immer als Status quo zu betrachten. Sie geben Aufschluss über den momentanen Zustand der Person. Natürlich können sich Lieblingsfarben auch im Laufe der Zeit immer wieder verändern.

Eine bevorzugte Farbe kann aber nicht nur einen momentanen Gefühlszustand repräsentieren, sondern genauso auch die Ziele widerspiegeln, nach denen die Person gerade unbewusst strebt.

Man kann somit mithilfe der Farbpräferenzen so einiges über die Person und ihre momentane Verfassung in Erfahrung bringen. Je nachdem, in welchem Gefühlszustand sich ein Mensch befindet, bejaht, ignoriert oder verneint er eine bestimmte Farbe.

Die Wahl der Lieblingsfarbe passiert meist völlig unbewusst und ist nicht vom Verstand steuerbar. Und gerade aus diesem Grund lässt sich daraus so einiges über das jeweilige Unterbewusstsein ablesen. Der wissenschaftliche Hintergrund ist folgender: Der Verstand erzeugt unbewusste Vorstellungen der jeweiligen Farben. Die Grundlagen dieser Vorstellungen sind entweder physiologisch, kulturell bedingt oder erfahrungsspezifisch erlernt.

»Physiologische«, also körperlich bedingte Vorstellungen sind Vorstellungen, die auf der ganzen Welt unabhängig von Kultur und Geschlecht der Menschen gleich sind. Alle Menschen reagieren identisch auf gewisse Farben. Die Farbe Rot zum Beispiel wird auf der ganzen Welt mit Liebe, Kampf und Aggression assoziiert.

Kulturell bedingte Vorstellungen entstehen aus der jeweiligen Kultur und deren Bezug zu der jeweiligen Farbe. So kann eine Farbe in zwei verschiedenen Kulturen für das genaue Gegenteil stehen. Während im deutschsprachigen Raum die Farbe Grün zum Beispiel mit der Hoffnung assoziiert ist, steht sie in Schweden für Neid.

Und zuletzt die erfahrungsspezifische Vorstellung, die aus Erfahrung, also aus erlerntem Wissen besteht. Man entwickelt demnach im Laufe der persönlichen Geschichte bestimmte Vorstellungen von Farben: Der gemütliche Sessel meines Großvaters, in den man sich gut hineinkuscheln konnte, war blau.

Bei der Wahl der Lieblingsfarbe spielen aber auch das Geschlecht und das Alter eine Rolle. So wird Blau überwiegend von Männern gewählt, während Rot und Grün bei beiden Geschlechtern gleichermaßen beliebt sind. Kinder wählen meistens Vollfarben, Erwachsene sind aber auch offen für Mischfarben. Anders sieht es während der Pubertät aus, in der oft schwierige Farbmischungen bevorzugt werden. Im Alter sind es die ruhigen, gedeckten Farben, die ansprechen.

Interessant sind in diesem Zusammenhang Studien der Bevölkerung, um herauszufinden, welche zum Beispiel die Lieblingsfarbe der Deutschen ist. Diesbezüglich ergab eine Studie der Burda-Medienforschung, dass die Lieblingsfarbe der Deutschen Blau ist. An zweiter Stelle wurde Rot gewählt, dann Grün und Gelb.

## Gelb:

Wer Gelb bevorzugt, liebt zugleich Leichtigkeit und Heiterkeit. Diese Farbe steht für Behaglichkeit und Wärme und sorgt für ein positives Grundempfinden. Unterbewusst repräsentiert diese Farbe Klarheit und Einsicht, im körperlichen Bereich regt Gelb die Drüsentätigkeit an und kurbelt so Entschlackungsprozesse an.

Die Farbe der Erkenntnis steht für Leichtigkeit und positive Aufgeschlossenheit. Wer die Farbe Gelb liebt, zeigt damit manchmal aber auch einen Hang zu negativen Eigenschaften wie Neid, Missgunst und Morbidität.

Die Vorliebe des Gelb-Typs für diese Warnfarbe zeigt seine Ambivalenz zwischen Signalsetzung und giftiger Galle.

## Rot:

Wer Rot liebt, bevorzugt Aktion und Bewegung und zeichnet sich durch Entscheidungs- und Entschlussfreude aus. Er ist ein Mensch, der auffallen, wahrgenommen werden will und auf andere anregend wirkt. Durch diese Lebendigkeit steht er im Allgemeinen für Dynamik und Energie – im körperlichen Bereich allgemein, besonders aber im Hinblick auf die Sexualität.

Auf geistiger Ebene wirkt der Rot-Liebhaber antreibend und dominant zugleich.

Er packt Dinge an oder trifft Entscheidungen, denen andere zuvor lieber aus dem Weg gegangen sind. Ihn zeichnen Mut, Kraft und Durchsetzungsvermögen aus.

Auf der anderen Seite beweist er mit der Wahl dieser Farbe einen Hang zu aufgestauten Energien im negativen Sinne wie Wut und Aggression.

## Grün:

Der Grün-Typ interessiert sich für Wachstum und Neubeginn, für die Natur und das Leben selbst. Er ist mental ausgeglichen und nutzt seine körperliche Energie für Nachhaltigkeit. Nicht umsonst ist Grün die häufigste Farbe in der Natur.

Seiner Umwelt vermittelt er positives Vertrauen in die Zukunft. Derjenige, der die Farbe Grün wählt, befindet sich in einem vertrauensvollen und positiven Zustand, der erwartungsvoll und ruhig in die Zukunft blicken lässt.

Grün ist die Farbe des Wachstums und der Jugend. Der Grün-Typ legt Wert auf Gesundheit und favorisiert eine entsprechende Lebensweise.

Andererseits bedeutet Grün angelehnt an Nahrungsmittel nicht nur Frische, sondern auch Verdorbenes, Giftigkeit und Unreife – ein Aspekt, der bei der Beurteilung dieser Lieblingsfarbe nicht unter den Tisch fallen sollte.

## Blau:

Die Farbe Blau steht für Tiefe und Ruhe. Sie spendet durch ihren passiven Entspannungseffekt Frieden und Gelassenheit. Entsprechend agiert der Blau-Typ. In Stresssituationen wirkt er ausgleichend und kompromissfördernd.

Der Blau-Typ zeichnet sich aus durch eine gewisse Distanz gegenüber Einstellungen und Erwartungen, durch die er dann auch einfacher objektive Entscheidungen treffen kann. Er ist fähig, einen Schritt zurück zu tun, um die Dinge aus der Ferne zu betrachten.

Gleichzeitig kann der Blau-Typ eine gewisse Kälte oder Härte ausstrahlen.

## Schwarz:

Ein individueller Ausreißer aus dem bunten Einerlei. Er ist ein Individualist mit intellektuellem Anstrich und einem überhöhten Selbstverständnis mit Drang zum Höheren. Diese geheimnisvolle Anmutung verleiht ihm eine Aura von Unnahbarkeit, vor allem wenn diese Farbe außerhalb gesellschaftlicher Anlässe getragen wird. Gerne schmückt er sich mit einem Touch von Intellektualität und schreibt sich großes Stilbewusstsein und Designaffinität zu. Als kreativer Kopf arbeitet er in modernen Berufen mit gleitenden Arbeitszeiten oft bis in die Nacht. Sein schwarzes Outfit wählt er so, dass er sich nach der Arbeit sogar ins Nachtleben stürzen kann.

Die schwarze Farbe dient der Vermittlung eines Gefühls der Unnahbarkeit und Macht. Sie vermittelt Selbstbewusstsein und Souveränität.

Menschen, die Schwarz bevorzugen, präferieren eine gewisse Distanz zu den anderen, um sich selbst zu erhöhen. Generell glauben sie, über ein ausgeprägtes Selbstbewusstsein zu verfügen, dieses ist aber oft leicht durch das Drücken bestimmter Knöpfe zu erschüttern.

## Weiß:

Der Weiß-Typ ist den Sphären des Weltlichen schon beinahe entrückt und ist vom Haben zum Sein gekommen. Vorausgesetzt, dass er dieser Farbe nicht aus beruflichen Gründen besonders zugeneigt ist, schätzt er das Reine und Unbefleckte an Weiß. Er macht sich nicht mehr selbst die Finger schmutzig, sondern lässt das andere für sich tun. Er beschäftigt sich mit geistigen Themen und Spiritualität.

Weiß ist die hellste der Farben, insofern man sie überhaupt noch als »Farbe« bezeichnet, und wird mit Reinheit, Freude, Unsterblichkeit, Unschuld und Jungfräulichkeit assoziiert.

Menschen, die sich für Weiß entscheiden, suchen in ihrem Leben nach dem rechten Weg. Sie glauben an das Gute, haben Ideale wie Wahrheit, Neutralität und Klugheit. In ihrem täglichen Handeln sind sie um Genauigkeit und Empathie bemüht, Gerechtigkeit spielt für sie eine ebenso große Rolle wie Selbstfürsorge und Wahrnehmung der eigenen Bedürfnisse.

## Violett:

Der Violett-Typ glaubt an das Gute. Er ist optimistisch und offen für mystisch-magisches Denken. Meditative Verfahren sind ihm ebenso wenig fremd wie Tiefenpsychologie und Esoterik. Er wirkt auf andere lebenslustig und stets motiviert. Aufgeschlossen steht er allem Fremden gegenüber und ist genügsam-zurückhaltend in seiner Art.

Er braucht die Natur genauso wie die Anerkennung anderer zur Befriedigung seiner ausgeprägten Eitelkeit.

Häufig fühlt er sich unverstanden wegen seiner Überlegenheit und seiner außergewöhnlichen Persönlichkeit, was ihn manchmal in seinem tiefsten Inneren einsam macht. Deshalb kann es auch vorkommen, dass dieser menschenfreundliche Typ es vorzieht, zurückgezogen in seiner eigenen Welt zu leben. Dies verbirgt er geschickt, allenfalls seine passiv-aggressive Haltung lässt seine Zerrissenheit vermuten.

## Orange:

Orange ist die Farbe des Lichts, der Freude, der Geselligkeit und der Aufgeschlossenheit.

Menschen mit einem Faible für Orange sind positive Kraftspender für ihr Umfeld und bestechen durch ihr Temperament genauso wie durch ihre Geselligkeit. An ihrer Seite finden sich gute Stimmung und Lebensbejahung. Toleranz prägt ihr Dasein, ihr Motto: »Leben und leben lassen.«

Trotz alledem handelt es sich nicht um blinde Naivlinge, sondern um gebildete und kritische Leute, die sich aufgrund ihrer Souveränität kritisch hinterfragend Themen erschließen, für die andere konfrontative Diskurse benötigen.

Sie stellen sich offen allen Problemen und Fragen des Lebens, ohne ihre fröhliche und kreative Grundhaltung zu verlieren.

## Braun:

Der Braun-Liebhaber ist bodenständiger und anspruchsloser Natur. Er legt Wert auf Ehrlichkeit und Zuverlässigkeit in sämtlichen Lebensbereichen – er sucht das »Echte«.

Sein Lebensstil ist geprägt von Bürgerlichkeit und Routine, denn er mag generell keine Überraschungen und steht Neuem zurückhaltend gegenüber.

Wo andere ihn als bieder wahrnehmen, erlebt er sich als geerdet und solide. Regelbefolgung und Nachhaltigkeit sind für ihn selbstverständlich, genauso wie ein ausgeprägtes Sicherheitsbedürfnis und Respekt und Freundlichkeit anderen gegenüber.

## Grau:

Unaufgeregt kann der Grau-Typ sich jeder Situation anpassen – er bleibt gerne etwas im Hintergrund, ist aber mit den meisten Menschentypen gut kompatibel.

Selten gibt es in seinem Leben Streit oder Auseinandersetzungen, eher sucht er nach Kompromissen, von denen alle etwas haben. Gerne wird er als Mediator in Streitsituationen herangezogen, die er souverän, vorsichtig und zurückhaltend moderiert.

Luxus konsumiert er gerne im Verborgenen, er liebt das Understatement und trägt sprichwörtlich den Pelz im Mantel eher innen.

# WhatsApp, Facebook und Co.

## Was unser »digitales« Verhalten über den Charakter verrät …

### WhatsApp und Co.

Mittlerweile ist es für den durchschnittlichen Handybenutzer beinahe schon ein Muss, mithilfe des WhatsApp-Messengers oder vergleichbarer Programme täglich zu kommunizieren. Die Vorteile liegen auf der Hand. Diese Art der Kommunikation ist schnell, kostenlos und funktioniert in fast jeder Situation. Vor allem wird der jeweilige Kommunikationspartner meist direkt erreicht.

Sämtliche Bereiche der menschlichen Kommunikation werden inzwischen tagtäglich von dieser Entwicklung berührt –

der kurze Plausch mit der Freundin, eine Verabredung zum Abendessen. Eltern, Kinder oder Geschäftspartner können problemlos kontaktiert und auch ein bisschen kontrolliert werden. Auf einmal ist die Information, wann der Sprössling oder der Ehepartner am Abend zuvor das letzte Mal online war, eine verlockende Information. Übrigens kann man – schon abgesehen von der jeweiligen Art, wie jemand via WhatsApp und Co. kommuniziert, einige Botschaften herauslesen, ohne dass derjenige überhaupt schreiben muss. Denn was will der Freund oder die Freundin dem Partner sagen, wenn er am Abend zuvor zwar noch bis spät in die Nacht online war, aber nicht mehr auf die gesendete Botschaft reagiert hat? Die Informationen funktionieren also sogar schon ohne direkten Kontakt.

Doch vor allem an der Art, wie kommuniziert wird, kann man einiges über die Person, mit der man zu tun hat, herauslesen. Gerade das kann hilfreich sein bei einer Kommunikation, in der nicht mehr auf Betonungen oder Gesten des Gegenübers geachtet oder reagiert werden kann.

Übrigens können die Überlegungen zu WhatsApp natürlich problemlos auf vergleichbare Programme und zum Teil auch auf das gute alte »Simsen« übertragen werden.

### Der kurz angebundene Pragmatiker:

Dieser Typ findet sich vor allem unter den männlichen WhatsAppern, wobei sich auch immer wieder Einzelexemplare in der weiblichen Welt finden. Obwohl der Pragmatiker mit äußerster Knappheit auf Nachrichten antwortet, heißt das nicht, dass seine eher sporadische Art der Kommunikation auf einen Mangel an Gefühl oder wenig Sinn für Romantik schließen lassen muss.

Oft handelt es sich in diesem Fall vielmehr um einen eher schüchternen Kandidaten, der nicht zu viel über sein Gefühlsleben preisgeben will. Beziehungsweise geht er davon aus, dass die direkte Kommunikation ehrlicher und sinnvoller ist. Ein einfaches »Ja« oder »Nein« auf eine Frage sollte also nicht immer mit Desinteresse oder Schreibfaulheit in Verbindung gebracht werden. Dieser Typ Mensch ist mehr an der echten Art der Kommunikation interessiert, und so sollte man auch am besten mit ihm umgehen. Ein Treffen im Café oder zum Abendessen kann hier ganz neue Welten eröffnen. Denn es ist ihm wichtig, mit allen Sinnen zu kommunizieren und dadurch die Mimik und Gestik des Partners lesen zu können.

Natürlich gibt es aber unter den Minimalisten der Schreiber auch diejenigen, die ihre Meinung bezüglich der Unterhaltung in Chatform durch diese kurz angebundene Art kundtun. Dabei gilt es herauszufinden, ob es sich um eine generelle Abneigung dieser Kommunikation gegenüber handelt oder ob diese Abneigung sich nur auf den jeweiligen Chatpartner bezieht. Auch in diesem Fall sollte sich der »Gesprächspartner« auf ein Minimum der geschriebenen Worte konzentrieren und die Person lieber persönlich treffen oder anrufen.

## Der ausschweifende Romantiker:

Der ausschweifende Romantiker verwendet dagegen gerne eine Vielzahl von Adjektiven, um seine Situation oder Gefühle zu beschreiben. Dabei handelt es sich meistens um extrovertierte Menschen, die kein Problem damit haben, sich anderen gegenüber zu öffnen beziehungsweise auf andere Menschen zuzugehen.

Der Romantiker möchte gleichzeitig viel von sich preisgeben, aber dabei auch genauso viel von den anderen erfahren.

Dieses Anliegen wird ihm durch seine Sprachgewandtheit erleichtert. Er kann schriftlich problemlos seine Bedürfnisse,

Sehnsüchte und Emotionen ausdrücken. Gefährlich wird dies, wenn dieses Verhalten in eine Liebesbriefkultur im Stil des 18. Jahrhunderts ausartet, denn wer möchte schon via WhatsApp Rilke- oder Eichendorff-Gedichte erhalten. Auch läuft dieser Schreibtyp Gefahr, überzogen unrealistische Erwartungen zu schüren. Denn es gibt durchaus weibliche Exemplare, die diese Versprechungen auch im realen Leben einfordern.

## Der Iconiker:

Der Iconiker ist meist weiblich. Er ist bekannt dafür, dass er beinahe jeden seiner Sätze mit einem Icon ergänzt. Er versucht damit, emotionale Botschaften zu transportieren und dem Geschriebenen somit eine eindeutige Botschaft zu geben, bei der Doppeldeutigkeiten vermieden werden. Er glaubt, dass Icons dabei helfen, dass seine Nachrichten besser verstanden werden, auch wenn manch einer dieses emotionale Tourette einfach nur als anstrengend empfindet.

Offensichtlich ist der Iconiker nicht überzeugt davon, dass die Sprache selbst oder seine eigene Sprachpräzision ausreichen, um das Empfundene zu übermitteln. Dies kann zum einen auf ein niedriges Bildungsniveau oder auch auf mangelnde Selbstwirkungseinschätzung hindeuten.

Dazu nur am Rande: Scott Fahlman, Erfinder des Smileys, kritisiert mittlerweile den inflationären Gebrauch des Zeichens und spricht von »einer Verschmutzung der Kommunikationskanäle«.

Ein weiteres Merkmal des Iconikers ist der übermäßige Gebrauch von Satzzeichen. Was die Exklamationszeichen betrifft, kann man manchmal schon eher von einem Missbrauch sprechen.

Allgemein ist es dem Iconiker wichtig, der virtuellen Öffentlichkeit zu zeigen, dass er ein lustiger Mensch ist. Er möchte seine Individualität durch die kleinen Bildchen zum Ausdruck bringen, selbst dann, wenn er allgemeingültig floskuliert.

## Der Kontrolleur:

Er wurde eingangs bereits kurz vorgestellt. Der Kontrolleur weiß genau, wer von seinen Chatpartnern wann online war und wann der- oder diejenige eine Nachricht erhalten hat. Dabei gibt er sich dem Verführungspotenzial der blauen und grünen Häkchen hin und führt gedanklich Buch, wann wer wie lange online war.

Hat er jemanden bei einer vermeintlichen Missetat ertappt? Oder wurde seine Nachricht nicht zeitnah beantwortet, obwohl sie nachweislich gelesen wurde? Dann kann er, vorsichtig ausgedrückt, ungemütlich werden. Seine Freunde haben daher häufig – zu Recht – Angst vor der Blauen-Häkchen-Apokalypse, die jederzeit über sie hereinbrechen kann, wenn sie nicht sofort Rede und Antwort stehen. Wer so jemanden in seinem Bekanntenkreis hat, sollte dringend diese Anzeigetools deaktivieren.

Der Kontrolleur glaubt, durch seine Zwanghaftigkeit die Entscheidungen und Handlungen anderer beeinflussen zu können. Dieser Drang nach Kontrolle nötigt ihn, in sehr kurzen Abständen den WhatsApp-Status zu kontrollieren. Eigentlich setzt er voraus, dass enge Freunde oder Partner immer für ihn verfügbar sind, egal was sie im wirklichen Leben gerade tun.

Es handelt sich beim Kontrolleur um eine selbstunsichere Person, der es sehr wichtig ist, durch ständige Rückversicherung ihren Stellenwert zu bestätigen. Durch die Abhängigkeit von der Bestätigung von außen lenkt sie von ihren wahren inneren Konflikten ab. Sie verfügt über wenige innere Selbstberuhigungsstrategien, wenn die Bestätigung durch WhatsApp mal ausbleibt.

## Facebook

Der Facebook-Account, der mittlerweile von den meisten Menschen als alltägliche Kommunikationsplattform genutzt wird, sagt einiges über den Nutzer aus. Die riesige und immer noch steigende Zahl der Nutzer zeigt, dass diese moderne Art des Netzwerkens einen Nerv der heutigen Gesellschaft getroffen hat.

Dabei geben nicht nur der Stil der Postings ähnlich wie bei WhatsApp-Nachrichten Auskunft über die Person, sondern auch die Art und Anzahl der Fotos, die in der jeweiligen Chronik zu sehen sind.

Man kann also grundsätzlich an der Art, wie der Auftritt gestaltet wurde, generelle Eigenschaften oder Vorlieben der jeweiligen Person ablesen.

Doch stellen wir uns zunächst eine grundsätzlichere Frage, bevor wir uns den unterschiedlichen Facebook-Typen zuwenden: Was bewegt die Menschen dazu, in der einen oder anderen Art ihren Facebook-Account zu gestalten, beziehungsweise was steckt unterbewusst dahinter? Oder warum hat der Großteil der Bevölkerung überhaupt den Drang, das Erlebte mit anderen in dieser Form zu teilen?

Die Ursache ist vermutlich darin zu sehen, dass die Gestaltung des Facebook-Accounts bewusst und eigenkreativ mit dem Wissen erfolgt, wer welche Beiträge sehen kann und wer nicht. Und damit ist auch immer eine Verzerrung der eigenen Person oder ihrer wirklichen Realität möglich. Vielleicht ist genau das eines der Geheimnisse dieser Art der

Kommunikation: Es wird möglich, alles in genau dem Licht darzustellen, in dem man es haben will oder gerne hätte.

Es kann ein virtueller Klon der eigenen Person geschaffen werden, der eben genau das preisgibt, was sein Schöpfer zeigen möchte. Ein echter Blick auf die Person dahinter ist, wenn nicht erwünscht, nur schwer möglich. Darüber hinaus ist es fraglich, ob überhaupt eine Kommunikation mit den anderen stattfindet oder ob es sich um einen derart oberflächlichen Austausch handelt, der schnell und dabei unkompliziert die vermeintlichen Bedürfnisse der Kommunikationspartner befriedigt. Schließlich kommen in den seltensten Fällen Gespräche zustande, in denen nachgefragt und erklärt werden kann.

Der wohl wichtigste Punkt im täglichen Umgang mit Plattformen wie Facebook ist Anerkennung. Egal ob es sich um den Erfolg im Job, das neue Auto oder das gerade Erlebte handelt – es wird durch die Aufmerksamkeit und Kommentare oder Likes der anderen belohnt und dadurch erst wirklich »real«.

Dabei ist übrigens auffällig, dass beinahe alle Mitteilungen der verschiedensten Chroniken Inhalte betreffen, die auf eine hohe Zustimmung abzielen. Nur sehr selten wagt sich der durchschnittliche User auf gefährliches, konfliktträchtiges Gebiet. Da ist es doch viel angenehmer, Lob und Anerkennung für das lustige Video zu bekommen als Kritik und Anfeindungen für eine politische Äußerung.

Abgesehen vom angenehmen Effekt des Lobes und der Anerkennung der anderen kommt in diesem Kontext hinzu, dass es teilweise auch schwierig werden könnte, sein wahres Ich zur Schau zu stellen. Denn in dem möglichst groß gehaltenen Freundeskreis befinden sich auch immer wieder Menschen wie Arbeitskollegen, der Chef oder ein Expartner, die allein durch ihre Anwesenheit auf der Freundesliste manch einen Post schlicht unmöglich machen.

## Der Vielposter:

Der Vielposter zeichnet sich schon allein durch die schiere Menge der Posts aus – er kann mithilfe der unten angeführten weiteren Kategorien noch genauer beschrieben werden.

Wenn man einen Vielposter in seiner Freundesliste hat, braucht man Zeit und Muße, die verfassten Romane über das alltägliche Geschehen zu lesen. Es fällt ihm schwer, Dinge auf den Punkt zu bringen. Am liebsten kommentiert er jeden einzelnen Schritt in seinem Tagesablauf, auch wenn es nur der Wechsel vom Badezimmer ins Schlafzimmer ist. Denn er macht abends nicht das Licht aus, ohne seiner Facebook-Community noch eine gute Nacht zu wünschen. Der Leser erhält meist mehr Information als gewünscht. Und muss sich bei der Lektüre über den Schnupfen der Katze bis hin zum abgebrochenen Nagel durchkämpfen, um herauszufinden, ob etwas dabei ist, das auch in sein Interessengebiet fällt.

Die permanente Versorgung der Außenwelt mit Informationen über sein Tun zeigt eine bindungsängstliche Komponente, da der Vielposter sich ständig Sorgen darüber macht, verlassen oder nicht genug geliebt zu werden.

Er braucht Bestätigung durch einen Zuhörer, der auf ihn und seine Probleme eingeht. Dabei sucht er keine Hilfe – er will nur gehört werden.

Wenn ein Freund zu wenig auf seine Posts reagiert, kann es passieren, dass er sich beleidigt zurückzieht.

## Der Tierbilder-Poster:

Der Tierbilder-Poster ist in der Regel ein großer Tierfreund. Bei ihm ist die Pinnwand hauptsächlich mit Bildern von Tieren bestückt – vorzugsweise den eigenen – oder mit Geschichten über Leid und Freude der Schützlinge aus aller Welt. Ebenfalls gerne postet er Aufrufe mit der Bitte um Hilfe, wenn eines der geliebten Haustiere verschwunden ist oder ihre Artgenossen aus anderen Ländern dringend ein neues Zuhause suchen.

Nicht selten versteht er sich auch als Anwalt von in Not geratenen, hilflosen Kreaturen, die am besten innerhalb der nächsten drei Minuten vermittelt werden müssen. Denn ansonsten könnte der unverzügliche Tod eintreten oder es fällt in China ein Sack Reis um ...

Gerne postet er auch Warnungen vor Giftködern oder sonstigen Haustiermeuchelmördern in nahegelegenen Grünanlagen.

Der Tierfreund verleiht seinem Anliegen mit grausamen und schockierenden Videos über Mordszenen unschuldiger Buckelwale und Babyrobben eindrucksvoll Nachdruck.

Dieser überprotektive und verantwortungsbewusste Facebook-Freund verfügt über eine hohe Moral und den festen Glauben, durch sein Handeln Positives bewirken zu können.

Seinem Idealismus ist es zu verdanken, dass die Menschen in seiner Umgebung für das Leid der Tiere sensibilisiert werden. Dabei nimmt er kein Blatt vor den Mund und auch keine Rücksicht auf mögliche Befindlichkeiten.

Er ist in seinen Augen der Anwalt der Tiere, aber in der Wahrnehmung anderer ein notorischer Nörgler.

Auf der anderen Seite zeichnet er sich durch sehr positive Charaktereigenschaften wie Prinzipientreue, Idealismus, Konsequenz, Nachhaltigkeit und Wahrhaftigkeit aus.

## Der Elend-der-Welt-Poster:

Er ist dem Tierfreund eng verwandt: der Elend-der-Welt-Poster. Überall auf der Welt finden ständig Kriege, Krisen und Ungerechtigkeit statt und in jeder Facebook-Community gibt es zumindest einen, der nicht müde wird, darauf hinzuweisen.

Es ist ein politisch engagierter Mensch, der es nicht ertragen kann, nicht seinen Anteil an der Verbesserung der Welt zu leisten. Allerdings läuft der Elend-der-Welt-Poster Gefahr, durch das Posting schon das Gefühl zu haben, etwas »getan« zu haben. Früher engagiert auf Demos und Kundgebungen, hat er sich heute eher zurückgezogen und »teilt« den Content lieber, als sich auf der Straße dafür stark zu machen.

## Der Luxus-Spaß-Neid-Poster:

Der Luxus-Spaß-Neid-Poster legt es gezielt darauf an, dass alles, was er tut und gleichzeitig postet, bei seinen Freunden oder manchmal auch der gesamten Öffentlichkeit Neid erzeugt.

Die Kunst dabei ist, alle Handlungen so zu dokumentieren, dass der Leser das Gefühl bekommt, der Poster pflege einen besonders exklusiven Lebensstil. Die Orte und Bilder werden perfekt in Szene gesetzt, und natürlich hat die betreffende Person in den jeweiligen Situationen immer jede Menge Spaß. Hierbei kann man zwischen den *Statussymbol-Postern* und den *Lifestyle-Postern* unterscheiden. Entsprechend der Bezeichnung postet Ersterer vorzugshalber das neue Auto und das tolle Restaurant, in dem er sich gerade den Bauch vollgeschlagen hat, im anderen Fall ist es eher die Fernreise mit anschließendem Kurztrip an die Côte d'Azur.

Interessant ist hierbei, dass es bei einem Blick hinter die Kulissen oft ganz anders war, als es auf den Bildern aussieht. Da gab es Streit mit dem Partner, der Motor der Jacht hat gestreikt oder es war am Ende doch nicht eine grandiose VIP-Party, bei der alle Spaß hatten, sondern ein Fest, bei dem sich keiner kannte und nur gelangweilt am Prosecco-Glas genippt wurde. Und vielleicht zeigen die Urlaubsfotos, die stolz gepostet wurden, die einzigen drei Tage ohne Regen.

Das Wichtigste bei seinen Posts ist dem Luxus-Spaß-Neid-Poster die Botschaft an die Welt, dass er stets auf der Sonnenseite des Lebens unterwegs ist. Je intensiver auf diesen Eindruck hingearbeitet wird, desto eher ist davon auszugehen, dass der Wahrheitsgehalt im selben Maße abnimmt.

Denn wer sich wirklich im Paradies befindet, hat keine Veranlassung, zum Telefon zu greifen und dies der Welt kundzutun. Vielmehr richtet dieser Posting-Typ seinen Fokus darauf, ein Bild von sich zu vermitteln, das real in dieser Ausprägung so nicht existiert.

Er versucht, mit dieser inszenierten Außenwirkung sein Selbstwertgefühl zu erhöhen und von seinen eigentlichen Problemen abzulenken. Dabei ist es ihm nicht bewusst, dass ihn kleine Fehler wesentlich sympathischer machen würden als die konstruierte und perfekte Fassade.

### Der Poser-Poster:

Der Unterschied zwischen dem Poser-Poster und dem Luxus-Spaß-Neid-Poster ist so fein, dass man genau hinsehen muss, um die dahinterliegenden psychologischen Strukturen herauszuarbeiten.

Der Poser-Poster hat eine ganz andere Motivation als der Luxus-Spaß-Neid-Poster – sein Anliegen ist es, seine Person, seine Wichtigkeit und seinen Stand in der Szene darzustellen.

Es geht ihm nicht darum, seine Statussymbole zu präsentieren, sondern sich selbst in Szene zu setzen. Man sieht ihn auf dem roten Teppich, bei der Eröffnung des neuesten In-Clubs, am liebsten Arm in Arm mit Persönlichkeiten der jeweiligen Szene.

Es kann passieren, dass er selbst nicht mehr wahrnimmt, dass er hauptsächlich in einer Welt des Scheins existiert. Denn oft ist sein reales Leben weit von dem entfernt, was er vorgibt zu sein.

Seine Devise lautet: »Dabei sein unter allen Umständen!«

Als Partner bekommt man bei ihm ein Chamäleon, das sich eher an Oberflächlichkeiten orientiert, aber immer zu allen Schandtaten bereit ist, wenn es seinem Image zuträglich ist. Wichtig ist aber zu wissen, dass er sehr auf die Wahrung des Scheins bedacht ist und kein großes Interesse daran hat, sein wahres Ich preiszugeben.

# Fiffi oder Killer?

## Was der Wauwau übers Herrchen ausbellt ...

Der Hund, treuer Begleiter des Menschen seit jeher, hat auch in der heutigen Zeit nichts an Bedeutung verloren. In Deutschland leben fast zehn Millionen Menschen mit einem Hund, das sind rund 15 Prozent der Erwachsenen. Dabei existiert über Hunde und ihre Halter das ein oder andere Vorurteil. Da gibt es zum einen die Aussage, Hund und Halter näherten sich im Laufe ihrer gemeinsamen Zeit immer mehr an, vor allem was das Aussehen betrifft. Aber auch die grundsätzliche Beschaffenheit des Hundebesitzers ist immer wieder Thema.

Eine umfassende Studie im Auftrag des Verbandes für das Deutsche Hundewesen e. V. (VDH) förderte jedoch folgendes

Ergebnis zutage: Der durchschnittliche Hundebesitzer ist jung, aktiv, familienorientiert und verfügt über einen eher höheren Lebensstandard. Dieses Ergebnis widerlegt also schon einmal das weitverbreitete Klischee, der Hundebesitzer an sich sei doch eher der Einzelgänger-Typ, der sich lieber mit seinem vierbeinigen Freund als den menschlichen Artgenossen umgebe. Und wie sieht es mit den anderen gängigen Klischees aus, wie zum Beispiel der Kategorisierung nach Rassen? Ist der Besitzer des Rassehundes wirklich derjenige mit dem privilegierten Lebensstil? Laut der genannten Studie schon. Man kann demnach also die Wahl der Rasse des Hundes einem bestimmten Lebensstil zuordnen.

Aber es ist nicht nur die Rasse, die Aufschluss über den Lebensstil oder die Persönlichkeit des Besitzers gibt, sondern auch schon der ganz individuelle Wunsch, der hinter der Anschaffung eines tierischen Begleiters stehen kann.

## Der Schäferhund:

Der Besitzer eines deutschen Schäferhundes schätzt vor allem die typischen charakterlichen Eigenschaften des Tieres, die da wären: Ausgeglichenheit, Nervenstärke. Die Tatsache, dass er im Grunde gutartig ist, allerdings auch kämpferisch, hart und furchtlos. Hierbei ist gute Führung seitens des Besitzers angezeigt. Der Schäferhund-Besitzer schätzt seine Dominanz gegenüber dem Tier ebenso wie die jederzeit abrufbare Gehorsamkeit und Aggressivität des Hundes.

Der Schäferhund-Halter pflegt einen aktiven Lebenswandel, mag ausgedehnte Spaziergänge, Radtouren und Jogging und lässt sich dabei bei Wind und Wetter von seinem treuen Gefährten begleiten.

Sein Tag ist in der Regel nach einem festen Ablauf strukturiert und lässt keinerlei Abweichungen zu. Ein möglicher menschlicher Partner muss sich ebenso wie der Hund diesen Gepflogenheiten anpassen und sich in das Gefüge einfinden. Flexibilität wird dabei selten nachgefragt.

Der Schäferhund-Halter lebt wertkonservativ und arbeitet Vollzeit in mittleren Einkommensschichten, zum Beispiel im Öffentlichen Dienst als Polizist oder bei der Post.

Hinter dieser akkuraten und korrekten Fassade schlummern nicht selten Bedürfnisse, die der Halter tunlichst im Verborgenen hält.

Er scheut nicht den Konflikt mit anderen, um die Wahrung und Wiederherstellung von Ordnung zu sichern, macht sich dabei aber oft keine Freunde. Das stört ihn nicht, denn er hat den loyalsten Gefährten bereits zu Hause.

Stets ist er gut über das Geschehen in seiner Umgebung informiert und scheut sich nicht, dies kundzutun. Es gibt keinen Zweifel daran, wer in seinem Umfeld der Chef ist. Dies stellt er nicht nur seinem Hund gegenüber jederzeit mit Nachdruck sicher.

## Der Mops:

Das Gesicht eines Mopses spricht durch das perfekte Kindchenschema die fürsorgliche Seite der Menschen an, sodass beinahe jedes Herz beim Anblick des unschuldigen Tierchens erweicht. In der Regel sind Mops-Besitzer eher weiblich oder verfügen über eine ausgeprägte weibliche Seite. Es steckt in diesem Fall also weniger das Streben nach einer erfüllten partnerschaftlichen Beziehung hinter der Anschaffung eines Hundes, sondern eher der innere Wunsch, zu umsorgen und gebraucht zu werden.

Es bedarf einer gewissen Einstellung, um ein Mops-Halter zu werden. Denn ebenso wie der Mops eine gemütliche Couch und einen stets gefüllten Napf benötigt, braucht der

Halter dieser Rasse einige Nerven und Gelassenheit, wenn es um die Erziehung dieses durchaus willensstarken Tieres geht.

Derjenige, der sich für einen Mops entscheidet, strebt zwar einerseits nach einem Gegenstand zur Befriedigung seines Mutterinstinkts, ist aber gleichzeitig offen für eine starke Persönlichkeit an seiner Seite. Er ist mode- und trendbewusst, aber auch aktiv und flexibel. Man findet ihn eher in urbanen Gegenden. Ihn zeichnet sein Sinn für Humor und die damit verbundene Intelligenz aus. Humorlose Menschen empfinden den Mops nicht wirklich als attraktiv.

Der Besitzer eines Mopses ist oft ein liberaler, kreativer Freigeist mit einem großen Freundeskreis unterschiedlichster Couleur und einem Sinn für Andersartigkeit.

## Der Jagd-/Rassehund:

Der typische Jagd- beziehungsweise Rassehund-Besitzer geht an seine Wahl mit viel Bedacht heran. Lange vor dem Kauf des Hundes hat er sich über die Vor- und Nachteile des Charakters, der Rasse, über Lebenserwartung und Krankheiten sowie über die perfekte Haltung informiert. Bis zur Entscheidung hat er jedoch in der Regel nur theoretischen Kontakt mit den Hunden gehabt. Es ist ihm wichtig, vor der Anschaffung des Hundes über die Botschaft, die seine Rasse transportiert, Bescheid zu wissen und sie mit seinem Lifestyle abzugleichen.

Gleichzeitig läuft dieser Hundehalter Gefahr, den Hund auf einen kritik- und charakterlosen Mitläufer zu reduzieren. Es fällt diesem Hundefreund zunächst schwer, einzusehen, dass es sich beim jeweiligen Hund manchmal auch um äußerst eigenwillige Zeitgenossen handelt. Ist dies jedoch erst einmal erkannt, wird das Haustier Nummer eins der Deutschen zum vollwertigen Partner: loyal und treu, aber mit einem eigenen Willen und der einzigartigen Fähigkeit ausgestattet, am Ende doch beinahe jedes Fehlverhalten seitens des Besitzers verzeihen zu können.

Zentrales Anliegen des Rassehund-Besitzers ist die reißbrettartige Umsetzung seines Lebensplanes. Nicht selten trifft man den Rassehund daher in Hundetagesstätten an, weil der Besitzer einen starken Fokus auf sein berufliches Weiterkommen legt.

Der Rassehund-Halter verfügt über einen perfektionistischen Anspruch, was man bei einem Zusammenleben mit ihm berücksichtigen sollte. Denn diese Ansprüche stellt er natürlich auch an seine Lebens- und Partnersituation.

## Der Dackel:

Der Dackel-Besitzer ist meist genauso eigenwillig wie sein Hund. Dieser steht für Charakter, ausgeprägtes Selbstbewusstsein und manchmal ein klein wenig Sturheit. Er trifft eigene Entscheidungen und hat wenig Respekt vor größeren Hunden/übergeordneten Stellen.

Der Dackel hat eine lange Tradition, daher ist auch sein Halter eher eine am Überlieferten orientierte Persönlichkeit. Der Dackel-Halter zeichnet sich durch Gemütlichkeit und Genussorientiertheit aus. Man sollte sich keinen von beiden zum kläffenden Feind machen, denn ihre Buddelleidenschaft fördert auch tiefer liegende Leichen zutage.

Er geht stur seiner Wege und lässt sich nur ungern eines Besseren belehren. Wenn er eine Fährte aufgenommen hat, ist es beinahe unmöglich, dieser Unbeirrbarkeit Einhalt zu gebieten. Er setzt sich hartnäckig über Konventionen hinweg, ohne Rücksicht auf Konsequenzen, und nimmt dabei alle Unwegsamkeiten tapfer in Kauf. Dabei ist er leidenschaftlich, hingebungsvoll, aber auch lebendig, verspielt und klug.

Es bedarf beim Dackel-Halter einer gehörigen Portion Ausdauer, Konsequenz und Beharrlichkeit, um ihn zum Partner in einer Beziehung zu machen.

Allgemein zeichnet er sich jedoch durch eine anhängliche Loyalität aus, kann aber sein bestimmtes Verhalten nie ganz ablegen. Das führt im Alltag immer wieder zu kleinen oder auch großen Machtkämpfen, da er nicht davon ablassen kann zu sagen, wo es langgeht und wer was zu tun hat.

Wer ein folgsames Schoßhündchen sucht, sollte besser nicht bei den Dackel-Besitzern suchen. Wenn aber alles nach seinem Geschmack läuft, ist er ein durchaus umgänglicher und unterhaltsamer Zeitgenosse. Sollte er in einer Beziehung die Möglichkeit zur Machtergreifung wittern, wird er die auch schamlos ausnutzen.

Sein äußeres Erscheinungsbild ist ihm eher unwichtig. Und auch bei seinem Gegenüber stehen die inneren Werte im Vordergrund.

Von all den Machtkämpfen erholt er sich in ruhigen und gemütlichen Momenten. Bei einem guten Essen kann er durchaus den lieben Gott einen guten Mann sein lassen.

## Der Taschenhund:

Der Taschenhund-Besitzer ist meist weiblich mit einem leichten Hang zur Hysterie und einem Faible für die sogenannte Alltagsdramatik. Wichtig ist, dass das Hündchen in eine dem Outfit entsprechende Handtasche passt, obwohl er oft selbst das Accessoire ersetzt. Hoch dekorierte Taschenhunde tragen neben einem Pullöverchen auch sämtliche dazugehörigen Bekleidungsstücke wie Schleifchen, Mütze und Jacke. Der Besitzer legt nicht nur bei seinem Hund Wert auf eine imposante Außenwirkung, sondern auch bei ihm selbst muss alles perfekt aufeinander abgestimmt sein.

Dieser Hund fungiert in erster Linie als Puppenersatz. Im Gegensatz zum Mops-Besitzer nimmt der Halter eines Taschenhundes die individuellen Bedürfnisse seines Hundes nicht wahr. Dem Besitzer geht es bei der Wahl dieses Gesellschaftshundes weniger um die Eigenschaften des Hundes an sich als um das Statussymbol und den Auftritt damit. Das heißt aber nicht, dass er sein Selbstwertgefühl über den Hund definieren muss, sondern vielmehr, dass neben einem so großen Selbstbewusstsein beim Besitzer nur Platz für ein kleines Lebewesen ist.

Nicht selten scharen diese Personen auch mehr als ein Exemplar um sich. Sie sammeln Hunde, wie sie Schmuckstücke sammeln.

Es besteht dabei aber auch manchmal die Gefahr, dass bei Interesseverlust auch das Wohlergehen des Tieres bedroht ist. Denn was nicht mehr en vogue ist, wird schnell durch ein neues It-Piece ersetzt.

## Der Mischlingshund:

Der Mischlingshund-Halter hat sich aus idealistischen und emotionalen Gründen für seinen Hund entschieden. Ihn zeichnet die innige und bedingungslose Liebe zu seinem Tier aus. Die Entscheidung für den Hund fällt meistens spontan und altruistisch. Nicht selten kommt es vor, dass dieser Mensch ganz unverhofft durch einen Zufall auf den Hund kommt, sich aber von diesem Moment an voll auf die Aufgabe einlässt.

Er handelt meist aus dem Bauch heraus, ist dann aber auch bereit, alle Konsequenzen seiner Entscheidung zu tragen.

Ein hohes Maß an sozialer Intelligenz und Empathie ebnet ihm auch in seinem sonstigen gesellschaftlichen Umfeld den Weg zu Neuem, Ungewohntem und Fremdem. Er ist nicht festgefahren und immer zur Stelle, wenn Not am Mann ist. Dabei kennt er keine normativen Grenzen.

Sowohl als Freund als auch als Partner ist er leicht begeisterungsfähig und spontan. Leider fehlt es ihm oft an Struktur – er verzettelt sich im Hier und Jetzt. Manch ein Partner oder Businesskollege vermisst in seinem Handeln den roten Faden, da seine Geradlinigkeit oft der spontanen Sprunghaftigkeit weichen muss.

Wenn man ihn lässt, versucht er, die Welt an einem Tag zu retten. Dabei kann er sich und die anderen vergessen. Man darf jedoch nicht ungeduldig werden. Denn wird er gehetzt, lässt er von seinem Vorhaben einfach ab und nur ein Scherbenhaufen bleibt zurück. Sein wenig athletischer Körperbau trügt, denn er hat Ausdauer.

Wichtig sind ihm Ausgeglichenheit und Harmonie. Obwohl sich sein Leben gleich einer Schaukel hin- und herbewegt, findet er seine Balance, wenn die Welt um ihn in Ordnung ist.

Seine Stärken sind Freundlichkeit, Diplomatie und Gerechtigkeitsgefühl genauso wie Takt und sein Sinn für Humor. Leider setzt er allzu oft seinen Kopf durch und versucht, sich in fast jeder Situation ein Hintertürchen offen zu halten, um sich nicht festlegen zu müssen. Doch Gott sei Dank hat er oft die richtige Intuition, die er mit Charme und Scharfsinn einzusetzen weiß.

## Der Kampfhund:

Der Halter eines Kampfhundes benutzt sein Tier, um ein eigenes Ohnmachtsgefühl zu kompensieren. Mit der Waffe an der Leine fällt es auch dem Schwächsten leicht, sich Respekt zu verschaffen. Er hat nie tragfähige Problembewältigungsstrategien erlernt und demonstriert durch den Kampfhund ein großes Gewaltpotenzial. Weil ihm emotionale Stabilität fehlt, führt er sein Ego auf vier Beinen neben sich, an eine Leine gekettet.

Er definiert seine Selbstdarstellung über das aggressive Tier, mit dem er andere Leute in Angst versetzt. Gleichzeitig fehlt ihm die Liebe zu seinem Hund, sodass er zumeist wenig über die Rasse oder deren Eigenschaften weiß. Seine Motivation liegt aber generell nicht in der Beschaffung von Informationen, sondern im Handeln, was ihn für Dritte unberechenbar macht.

Überwiegend kommen Kampfhund-Besitzer aus bildungsfernen Schichten oder sozialen Brennpunkten. Häufig zeichnen sie sich aus durch ein Zugehörigkeitsgefühl zu radikalen Splittergruppen.

Der Kampfhund-Halter ist emotional unberechenbar. Sein Wesen wird von seinen Begierden bestimmt. Um diese zu befriedigen, stellt er sich jedem Hindernis, ohne an die Folgen zu denken. Er gibt sich kaum Mühe, sich zu beherrschen, sondern findet in den abgestoßenen Reaktionen seiner Mitmenschen Bestätigung.

Wird er gekränkt, sinnt er auf Rache. Auch vor Gewalttätigkeit schreckt er nicht zurück. Damit macht er sich leicht Feinde, die für ihn auch ein Leben lang Feinde bleiben. Er kämpft auf Leben und Tod. Wer sich gegen ihn nicht zur Wehr setzt, wird als Schwächling verachtet.

Um seine eigenen Defizite vor sich selbst zu verstecken, greift er häufig zu Drogen und Alkohol. Er verachtet anstrengende körperliche Tätigkeit, da er sich trotz seines höchstens durchschnittlichen Intellektes zu Höherem berufen fühlt. Er handelt schnell und intuitiv, befolgt nur seine eigenen Gesetze. Nur allzu leicht gerät er in den Bann zwielichtiger Vereinigungen.

# Butter, Milch und Brot

## Was der Einkaufszettel nicht nur über die Essensvorlieben verrät …

Wahrscheinlich hat jeder schon einmal den Einkauf seines Vorgängers an der Supermarktkasse inspiziert und sich dabei gefragt, um was für einen Menschen es sich handelt beziehungsweise welches Leben er wohl führen mag. Die Utensilien auf dem Laufband geben einigen Aufschluss über Lebenssituation und -weise einer Person. Mindestens genauso aufschlussreich kann der Einkaufszettel, der im Einkaufswagen liegen gelassen wurde, für den Finder sein.

## Die Zettelbenutzung an sich

Alleine der Fakt, dass jemand mit einer Liste zum Einkaufen geht, ist schon bedeutsam. Ist derjenige ein stark kontrollierter Mensch oder schlicht vergesslich? Und wer hat den Erinnerungszettel geschrieben? Der Einkäufer selbst oder eine andere Person, die einkaufen lässt?

### Der aktive Zettelschreiber:

Er ist meist weiblich, mit einem großen Kontrollbedürfnis. Es geht ihm hauptsächlich darum, Menschen und Situationen zu beherrschen, da er über die Fallen des Alltags Bescheid weiß. Er ist sich bewusst, dass, wenn er einen Supermarkt betritt, ein vom Marketing durchdachtes Feuerwerk an Verführung und Abzocke auf ihn einprasselt. Dagegen weiß er sich zu wehren. Er kennt sich mit den Strategien und den Impulskäufen, der Warenanordnung und den kaufpsychologischen Tricks der Supermarktketten bestens aus. Aber er hat eine wirkungsvolle Waffe: den Einkaufszettel.

Dieser Zettel entspricht einer Strategie zur Vermeidung unerwünschter Zusatzkäufe. Der aktive Zettelschreiber will selbstbestimmt über sein Geld verfügen und nicht zu lustvollen Impulskäufen hingerissen werden. Der Einkaufszettel ermöglicht ihm die totale Kontrolle über sein Handeln. Schon zu Hause überlegt er sich genau, was er wirklich braucht und wie er die gefährlichen Gänge des Supermarktes meiden kann. Einkaufen ist für ihn ein reines Mittel zum Zweck – es geht ums nackte Überleben, nicht um die Anschaffung lustvoller Konsumgüter. Dabei legt er nicht nur Wert auf die Vermeidung unnötiger Artikel, sondern er achtet auch penibel auf das Zusammenhalten seines Budgets.

Während des Einkaufs hält er sich strikt an die notierten

Vorgaben, benutzt eher einen Korb als einen Wagen und reagiert auf Aktionsware nur dann, wenn der Artikel ohnehin auf seinem Zettel steht.

An der Kasse lässt er sich nicht durch Quengelware bestechen und ist auch hier wohlorganisiert. Er braucht keine Plastiktüten und besteht auf Warentrenner auf dem Einkaufsband zwischen seiner Ware und der anderer.

## Der passive Zettelempfänger:

Er ist dagegen meist männlich. Die Küche ist ebenso wie der Supermarkt ein feindliches Terrain, durch das er sich anhand des geschriebenen Einkaufszettels durchzukämpfen versucht. Sein Bezug zum Kochen oder den dafür benötigten Nahrungsmitteln ist kein sonderlich enger.

Er ist das genaue Gegenteil vom aktiven Zettelschreiber und irrt meist vollkommen planlos durch die Gänge. Bei diesem Irrweg fragt er die einzelnen Artikel beim freundlichen Personal nach, um sie a) nicht zu finden und dann b) etwas anderes mitzunehmen. Der Zettelempfänger kommt also oft mit völlig anderen Produkten als aufgeschrieben zurück und ist der festen Überzeugung, dass man den Essensplan dem Einkauf anpassen kann.

Er ist impulsiv, kritikarm und leicht zu überzeugen – fühlt sich bei jedem Probierstand auch überzeugt, etwas kaufen zu müssen, und lässt sein Budget dabei völlig außer Acht.

Fastfood und Süßigkeiten kauft er in großen Mengen, ungeachtet des Zettels.

An der Kasse kontrolliert er nochmals den Zettel und stellt fest, dass er Obst und Gemüse vergessen hat, kehrt um, um noch schnell die Ananas in der Dose zu besorgen. Dass andere in der Zeit in der Schlange stehen und auf ihn warten, macht ihm nichts aus.

Er braucht viele Tüten und zahlt mit Karte. Wobei er gerne nach Abschluss des Kaufes noch einen Kaugummi aus dem Kassendisplay fischt, den er dann bar nach einer minutenlangen Suche in seiner Hosentasche bezahlt.

Während er seine Beute selbstsicher zurück zum Zettelschreiber bringt, ist die Einkaufszufriedenheit meist nur einseitig.

Die Chance auf Wiederholung besteht nur in sehr dringenden Situationen.

## Der Spontankäufer ohne Zettel:

Meist handelt es sich beim Spontankäufer um selbstbestimmte, autarke Persönlichkeiten, die den Einkauf als genussvolle Beschaffung der Zutaten für die Zubereitung ihrer Mahlzeit nutzen. Oft lassen sie sich erst vor Ort inspirieren und entscheiden beim Gang durch den Supermarkt, was sie kochen werden. Scheinbar erfolgen ihre Spontankäufe unüberlegt, jedoch verfolgt jeder Kauf eine konkrete Intention, auch der Impulskauf. Nur der Planungszeitraum ist hierbei auf ein Minimum geschrumpft. Er lässt sich durch Emotionen oder Instinkte leiten, was im Gehirn über das limbische System verarbeitet wird. Wichtig hierbei sind Gerüche, Temperatur und Atmosphäre. Obwohl er auf Sonderangebote anspringt, ist ihm der Preis einzelner Waren gar nicht so wichtig.

Dabei kann es ihm aber auch passieren, dass er bei seinem leidenschaftlichen Kaufverhalten die Grundnahrungsmittel außer Acht lässt und ihm diese dann zu Hause fehlen.

## Die Gestaltung des Einkaufszettels

Sie haben es vielleicht gemerkt: An die Kontextinformationen zu gelangen, gestaltet sich im Alltag eher schwierig. Wirklich aufschlussreich sind daher auch die Notizen selbst. Sie zeigen, was für ein Mensch hinter der Liste steckt, und auch, wie er lebt. Vor allem der Aufbau des Zettels gibt Aufschluss darüber, was für ein Typ Mensch der Verfasser ist.

Im Grunde ist der Einkaufszettel wie eine kleine Leinwand der Persönlichkeit, man erkennt auf den ersten Blick, um welchen Persönlichkeitstyp es sich bei dem Verfasser handelt.

### Der akkurate Einkaufszettel:

Für seinen Verfasser gilt: kein Einkauf ohne Zettel. Er ist ein eher zwanghafter Charakter. Akkurat werden auf dieser Art von Zettel nicht nur die benötigten Lebensmittel mit Stichpunkten vermerkt, sondern auch etwaige Zusatzarbeiten wie zum Beispiel »Blumen gießen«, »Müll rausbringen« oder »Geld abheben«.

Der Benutzer eines solchen Zettels fühlt sich ohne Einkaufszettel unsicher und nackt. Stets führt er einen Stift bei sich, um bereits besorgte Lebensmittel abzuhaken oder durchzustreichen. Natürlich ist die Einkaufsliste mit »Einkaufsliste« überschrieben und mit dem jeweils aktuellen Datum versehen.

Der Zettel ist eine Art mentale Stütze, ohne die der pedantische Zettelschreiber sich unvollkommen und nervös fühlt. Dieser Anspruch auf Vollkommenheit und Perfektion zieht sich durch sämtliche Lebensbereiche.

Mitunter geht dieser Einkaufszettel-Typ so weit, dass er die Lebensmittel nach der Regalsortierung im Supermarkt ordnet und Gang für Gang seine Liste unterteilt.

## Der kreative Einkaufszettel:

Er steht ganz im Gegensatz zum akkuraten Einkaufszettel. Sein Verfasser lässt seiner Kreativität freien Lauf. Auf seinem Einkaufszettel gibt er sich selbst Hinweise, egal ob geschrieben, gemalt oder nur angedeutet.

Selbst wenn die Liste an sich chronologisch geschrieben ist, zieren zumindest kleine Ornamente in Form von Blümchen oder Figuren den Rand des Zettels.

Für den Verfasser eines solchen Zettels ist das Leben Kunst, sein Anspruch auf Ordnung, Hygiene und Sauberkeit unterliegt oft seiner Gelassenheit und ist für ihn eher zweitrangig.

Mit einem zwinkernden Auge stellt er zu Hause oft fest, dass er etwas ganz anderes eingekauft hat, als auf seinem Zettel stand.

## Der kurze Einkaufszettel:

Der Verfasser eines kurzen Einkaufszettels ist ein Pragmatiker. Er hält sich nicht gerne mit alltäglichen Nebensächlichkeiten auf und notiert sich morgens neben dem Kühlschrank schnell, was er nach der Arbeit besorgen muss. Seinen geringen Bedarf an Lebensmitteln kann er als Single mit wenigen Schlagworten zusammenfassen, denn selbst wenn er einmal zu wenig besorgt oder etwas vergisst, ist niemand zu Hause, der sauer werden könnte.

Sein Leben ist spontan und unproblematisch. Flexibel kann er sich auf veränderte Situationen einstellen und geht schon mal spontan zum Abendessen mit Freunden, wobei er am Morgen noch geplant hatte, zu Hause zu kochen.

In der Regel verzichtet er auf ein Auto, da er als Großstädter kurze Wege mit dem Fahrrad zurücklegt und auch seine Einkäufe noch in seiner Akten-/Handtasche unterbringt.

Er verfügt über ein großes soziales Netzwerk und ist überall beliebt. In seinen Freundschaften ist er ehrlich, zuverlässig und uneigennützig.

Die Art und Weise, wie er die alltäglichen Hürden nimmt, zeigt seine Effizienz und die große Fähigkeit zur Empathie.

Der Verfasser der kurzen Liste lebt so, wie seine Liste aussieht: übersichtlich, klar und auf das Wesentliche reduziert.

## Der seitenlange Einkaufszettel:

Wer seitenlange Einkaufslisten schreibt, sucht Halt in seinem Leben und versucht, sich selbst mithilfe von Handlungsanweisungen Struktur zu geben. Je nach Ausprägung des Strukturierungsbedürfnisses werden die einzelnen Handlungspunkte auch mit großer Detailfreude beschrieben.

Der Verfasser ist häufig ein Luftikus, der mit seinen Gedanken gerne bei anderen Dingen ist und sich leicht durch äußere Reize ablenken lässt. Nicht selten ist er eine kreative Seele, die sehr um sich selbst kreist und ungern Menschen in sein Leben lässt. Zu wenigen langjährigen Freunden kommen nur sehr selten neue Kontakte hinzu. Sein Beziehungsstatus ist Single.

Er braucht einen roten Faden, an dem er sein Leben ausrichten kann. Es verschafft ihm eine tiefe Befriedigung, wenn er die Themen, die auf seiner Einkaufs- bzw. Lebensliste stehen, nach und nach abhaken kann.

## Die Smartphone-Liste:

Der moderne Zettelschreiber weiß um die hilfreiche Gedankenstütze einer Einkaufsliste und benützt dafür seinen ständigen Begleiter, das Smartphone.

Damit kann er technikaffin und schnell Einkaufslisten archivieren und verwalten sowie in Warengruppen einteilen.

Obwohl ihm die Tätigkeit Einkaufen eigentlich gar keinen Spaß macht, bekommt sie durch die digitale Komponente einen neuen Reiz für ihn. Auch in anderen Lebensbereichen nützt er gerne und häufig die moderne Technik. Es ist ihm überaus wichtig, immer das neueste Equipment zu besitzen und sich mit Gleichgesinnten zum Beispiel im Internet auszutauschen.

Zeit und Organisationsvorteile liegen für ihn auf der Hand.

# Der ist ja schon wieder leer!

## Welche Geheimnisse der Blick in den Kühlschrank enthüllen kann …

Wenn der Einkauf dann seinen Weg in den Kühlschrank findet, eröffnet sich ein neues Feld der Persönlichkeitserforschung: der Kühlschrank. Der Inhalt des Kühlschranks gibt zum Beispiel meist unmissverständlich Auskunft über das Essverhalten. Denn ganz egal ob der Besitzer des Gerätes gerne und viel kocht oder lieber essen geht, allein lebt oder in einer Familie – der Inhalt offenbart seinen Bezug zu Nahrungsmitteln und verrät vieles über sein Essverhalten.

Doch es sind noch ganz andere Dinge, die sich aus dem Kühlschrank ablesen lassen: Da gibt es nicht nur den Klassiker, den Single-Kühlschrank, der nichts außer Verdorbenem und alkoholischen Getränken beherbergt, oder den typischen Familienkühlschrank, der aus allen Nähten platzt. Es gibt eine Vielzahl von Kühlschrankarten, die sehr aussagekräftig sind im Hinblick auf die Persönlichkeit ihrer Besitzer.

Das Spannende am Analysieren des Kühlschranks ist übrigens, dass die meisten Personen nicht davon ausgehen, dass sich irgendjemand näher dafür interessiert. Das heißt, der Kühlschrank wird auf eine gewisse Art und Weise als sehr intim wahrgenommen. Ein ganz eigener kleiner Raum, der nur selten von anderen inspiziert wird und der vollkommen nach den eigenen Wünschen und Präferenzen eingerichtet werden kann. Der Inhalt des Kühlschranks ist also mehr oder weniger geheim und geht niemanden etwas an. Und genau das schafft Raum und Freiraum für Persönlichkeit.

Das heißt, dass dieser kleine private Bereich der Wohnung, der im Grunde nur der Erhaltung der Lebensmittel dient, viel mehr über eine Person aussagen kann als die Wohnung selbst. Denn der Wohnraum ist auch immer ein bisschen Repräsentationsbereich. Viele Menschen richten ihre Wohnung nach bestimmten aktuellen Trends ein oder lassen manchmal sogar die komplette Einrichtung von einem Innenarchitekten planen. Es ist also nicht immer gesagt, dass man bei einem Blick in die Wohnung auch einen Blick auf die Persönlichkeit werfen kann. Das ist eben bei einem Kühlschrank ganz anders – er offenbart die echte, unverfälschte Wahrheit.

Die New Yorker Fotografin Stéphanie de Rouge hat in ihrer Fotoserie »In Your Fridge« eindrucksvolle Porträts aus ihrem Bekanntenkreis zusammengestellt, bei denen die jeweilige Person und deren Kühlschrank abgelichtet wurden. Und es ist erstaunlich, wie sehr der Inhalt des Kühlschranks zu seinem Besitzer passt. Man könnte beinahe sagen: Der Kühlschrank ist das Abziehbild der Persönlichkeit.

## Der Blick in den Kühlschrank

### Der leere Kühlschrank:

Er deutet auf einen Besitzer hin, der Single ist und sich wenig zu Hause aufhält. Er geht zumeist auswärts essen und legt dabei nur teilweise Wert auf Qualität. So kommt es vor, dass er sich mittags den schnellen Snack zu Gemüte führt, dann aber abends beim exquisiten Thailänder zu finden ist.

Er fühlt sich in Gesellschaft wohl und genießt sein Singleleben in der Stadt. Dabei ist es ihm kein Anliegen, unnötig viel Zeit zu Hause zu verbringen. Sein Heim ist sein Rückzugsort und seine Höhle. Er spricht keine Einladungen aus, sondern trifft sich lieber in Bars und Restaurants.

Er ist bindungsunfähig und unselbstständig und für gewöhnlich ein eher athletischer, fleißiger und selbstbewusster Mensch.

Er verfügt über ein ausgeprägtes Gerechtigkeitsgefühl und einen guten Sinn für Humor. Durch seine Kompromiss- und Anpassungsfähigkeit ist er ein angenehmer Gesprächspartner, er erfreut sich eines großen Bekanntenkreises und ist überall gerne gesehen.

Durch seine Unabhängigkeit ist es ihm möglich, ein hochfrequentes Sexualleben mit häufig wechselnden Partnern zu unterhalten.

### Der ordentliche Kühlschrank:

Sein Besitzer ist der ordnungsliebende Typ. Er organisiert seinen Kühlschrank nach Themen. Die Milchprodukte sind thematisch abgegrenzt von den Fleischwaren zu finden. Diese lagern wiederum gemäß der Kühlzonen im mittleren Bereich des Kühlschranks und in passenden Plastikbehältern.

Der ordnungsliebende Typ legt Wert darauf, dass keines seiner Lebensmittel das Verfallsdatum überschritten hat und dass nie etwas Neues geöffnet wird, bevor nicht das Alte aufgebraucht wurde. Um diese Ordnung zu erhalten, werden neue Lebensmittel hinter den alten deponiert, so können keine Missgeschicke passieren.

Diese Ordnung ist ihm wichtig, um seine innere Struktur zu wahren. Sie gibt ihm Sicherheit, da er den Überblick benötigt, um sich wohlzufühlen. Diese Ordnung zieht sich durch seine gesamte Wohnung, und er kann es nicht leiden, wenn sie von anderen gestört wird.

Er neigt dazu, die Menschen oberflächlich zu beurteilen, das heißt danach, ob sie adrett, appetitlich und sauber sind. Die einen bezeichnen ihn als »kopfgesteuert«, er selbst würde sich eher »selbstbeherrscht« nennen. Geheime Sehnsüchte kann er ebenso gut verstecken wie überschießende Gemütsbewegungen.

## Der vernachlässigte Kühlschrank:

Der Besitzer eines vernachlässigten Kühlschranks hat weder Zeit noch Motivation, sich allzu genau mit der Beschaffenheit oder Ausstattung seines Gerätes zu beschäftigen.

Meist lebt er allein und ist sehr mit sich beschäftigt, ruhelos und nervös. Seine Desorganisation zieht sich durch die gesamte Tagesstruktur, manchmal versucht er, eine ganze Woche in einen Tag zu pressen.

Sein Kühlschrank hat schon lange keinen Schwamm mehr gesehen, geschweige denn ein Ohrenstäbchen im Abflusskanal. Das Gemüsefach beherbergt mehr Biomüll als frisches

Obst. Die Haltbarkeit der sonstigen Lebensmittel liest sich wie eine Facebook-Timeline seit der Geburt des Besitzers.

Wer so einen Kühlschrank hat, besitzt ihn in der Regel für die Aufbewahrung von Hopfenkaltschalen und Resten von Fertiggerichten.

Der Kühlschrank ist für diesen Menschen ein Gebrauchsgegenstand, der keiner Pflege bedarf. Er macht sich keine Gedanken über Bakterien, verdorbenes Essen oder die Keimbelastung pro Quadratzentimeter.

Durch seine Gedankenlosigkeit ist es sowohl in der Partnerschaft als auch im Berufsleben oft schwer, mit diesem Menschen auszukommen. Es kann passieren, dass er zu einem verabredeten Treffen einfach nicht erscheint, weil er es vergessen hat.

Deshalb meidet er derartige Situationen schon im Vorfeld, denn mit Konfliktsituationen kann er nicht umgehen.

Gleichzeitig lebt er mit einer Furcht vor Unzulänglichkeit und arbeitet daher häufig angestrengt, aber leider nur für kurze Zeit. Dadurch, dass er sich auf diese Weise oft selbst im Weg steht, kann er seine Wünsche und Bedürfnisse manchmal nicht in die Realität umsetzen.

## Der vollgestopfte Kühlschrank:

Wenn das Licht in diesem Kühlschrank durchbrennen würde – sein Besitzer würde es nicht bemerken.

Beinahe zwanghaft muss er dafür sorgen, dass sein Kühlschrank immer wieder für die nächste Hungersnot präpariert ist. Er hat keine Kenntnis über das, was außerhalb der Sichtweite lagert und dort oft vor sich hin schimmelt. Daher befinden sich meistens mehrere Packungen von ein und demselben Lebensmittel geöffnet und übereinander getürmt im Gerät. Man bekommt den Eindruck, dass dieser Kühlschrank-Typ der Meinung ist: Was zu viel ist, fällt einfach hinten runter.

Die Bestrebungen Dritter, Ordnung in den vollgestopften Kühlschrank zu bringen, scheitern regelmäßig daran, dass man zuerst den Besitzer überwinden muss und dann dessen Ängste und Zwänge.

Durch seine Desorganisationsproblematik und seine Wertbeimessungsstörung kann er nicht abwägen, was er aufbewahren und was er wegwerfen sollte. Daher hortet er alle Lebensmittel ungeachtet ihrer Genießbarkeit. Diese Eigenschaft breitet sich auch auf andere Lebensbereiche aus: Der Besitzer des vollgestopften Kühlschranks sammelt auch Zeitungen, Ersatzteile und Plastiktüten. Im Extremfall wird so ziemlich alles gesammelt und nichts weggeworfen, weil man es ja noch mal brauchen könnte.

Der Besitzer eines vollgestopften Kühlschranks strebt nach Gleichgewicht und Harmonie. Dabei ist er unsicher und hat Schwierigkeiten, Prioritäten zu setzen. In seinen Handlungen ist er ineffektiv und befindet sich nur allzu oft in sozialer Isolation, um sein Geheimnis zu hüten. Entscheidungen trifft er nur sehr ungern und unter großem Druck. Paradoxerweise zeigt er in einzelnen Lebensbereichen Perfektionismus.

## Der Kühlschrank selbst

Bevor es jedoch gleich weitergeht, schließen wir die Kühlschranktür und treten noch einmal einen Schritt zurück. Denn, wie schon gesagt, nicht nur das Innenleben ist aussagekräftig im Hinblick auf die Persönlichkeit des Kühlschrank-Besitzers.

## Der Pinnwand-Kühlschrank:

Hierbei handelt es sich um einen Kühlschrank, auf dem Fotos, Nachrichten oder Erinnerungen angebracht werden. Wenn man Außen- und Innenleben des Gerätes zusammennimmt, kann man teilweise ganze Familiengeschichten darin erkennen.

Die Fassade des Kühlschranks wird im saisonalen Turnus erneuert und den familiären Ereignissen gemäß angepasst. Lustige Magnete halten teilweise überfordert die Familiencollage am Kühlgerät.

Für Menschen mit einem solchen Kühlschrank stehen der Familienzusammenhalt und gemeinsame Aktivitäten an erster Stelle. Ihr Leben ist auf Gemeinschaft ausgelegt. Auch bei Wanderausflügen oder in den Campingurlauben steht die Gemeinschaft über der Privatsphäre.

Sie fühlen sich ihren Freunden sehr verbunden und nehmen Anteil an Nachwuchs, Heirat und Tod, indem sie entsprechende Grußkarten an ihrem Kühlgerät archivieren. Dazwischen finden sich Zeichnungen der eigenen Kinder, Gutscheine von Bonusprogrammen, Gewinnspiele oder ermäßigte Eintrittskarten vom Zirkus. Doch selbst wenn diese Erinnerungen an der Kühlschrankwand neueren weichen müssen, werden sie nicht weggeworfen, sondern in Schuhkartons aufgehoben, um sie bei gegebenen Anlässen noch einmal zutage zu fördern und über die alten Zeiten zu sprechen.

Für die Besitzer eines derartigen Kühlschranks steht das gemeinsame Erleben über Besitz und Konsum. Sie schätzen gemeinsame Stunden in gemütlicher Runde mehr als Prestige oder Ausgeh-Abende in der Stadt. Dabei legen sie keinen gesteigerten Wert auf Ambiente und es kommt vor, dass einfach die 1,5-Liter-PET-Getränkeflasche neben den Chipstüten auf den Tisch gestellt wird.

## Der Küchenpenis:

Der Kühlschrank als Prestigeobjekt und Wohnaccessoire darf nicht vernachlässigt werden. Denn so privat der eine Kühlschrank sein mag, so öffentlich ist ein anderer. Hier steht er meistens als Herzstück der Küche. In Form einer Hightech-Maschine ragt er im Mittelpunkt des Geschehens hoch auf. Der Küchenpenis ist dabei nicht Kühlschrank allein, sondern wird zum Inbegriff technischer Perfektion mit eingebauter Eismaschine oder ist ein Schmuckstück für jede Wohnung, wenn durch die Glastür hindurch der Inhalt mit spezieller Beleuchtung richtig zur Geltung gebracht wird.

Der Besitzer des Küchenpenis brüstet sich damit, nur in exklusiven Geschäften Delikatessen einzukaufen und profane Lebensmittel dem gemeinen Volk zu überlassen. Wer seine Küche betreten darf, hat die Vitrine des Luxus zu bewundern und den Besitzer für die Zurschaustellung seiner Preziosen zu beneiden. Oft findet sich neben dem Küchenpenis ein nicht minder prominenter Weinkühlschrank, bei dem man durch die Glasscheibe die exklusiven Tropfen bestaunen kann.

Dem Besitzer eines solchen Kühlschranks geht es weniger um den Genuss als um das Zurschaustellen der Reichtümer.

In einer Beziehung mit ihm muss man sich von dem Anspruch trennen, dass er jemals Fehler zugibt oder sich für etwas entschuldigt. Dieser Besitzer hat immer recht, und wenn er nicht recht haben sollte, sind stets andere schuld. Durch die für ihn selbstverständliche Annahme, dass der Rest der Welt um ihn kreist, fehlt ihm oft der Sinn für Empathie und jegliches Introspektionsvermögen.

Der Besitzer eines Küchenpenis ist in der Regel männlich und heterosexuell. Natürlich ist seine Partnerin vorzeigbar, adrett und beneidenswert hübsch, wenn auch von allem etwas zu viel. Sie hat dieselbe Funktion wie die Maschine in der Küche, nämlich repräsentieren.

Der Eigentümer eines solchen Kühlschranks lebt von der Bewunderung anderer. Sein Bild nach außen ist geprägt von weiteren Luxusgütern wie einem Sportwagen, Luxusurlauben und einem entsprechenden Lebenswandel.

Solange er die Bewunderung bekommt, die er damit erzielen möchte, ist er umgänglich, großzügig und gesellig. Sollte ihm das aus irgendwelchen Gründen versagt sein und seine narzisstische Ader gekränkt werden, lernt man bisher unvermutete Seiten kennen, bis hin zu cholerischen Ausbrüchen und dem Wunsch der Vernichtung des Gegners.

## Der universelle Kühlschrank:

Die meisten Menschen verfügen über einen weißen, mehr oder weniger großen Kühlapparat, entweder eingebaut oder frei stehend. Dieses Gerät verschweigt diskret die persönlichen Eigenschaften des Besitzers. Es passt sich durch ein unauffälliges Äußeres jeder Lebenssituation an.

Sein Besitzer verschwindet problemlos in der grauen Masse des Alltags und kann sich gut an die Allgemeinheit anpassen. Ihm ist es wichtig, günstige und unkomplizierte Lösungen für die Bedürfnisse des Alltags zu finden. Dabei ist ihm der Nutzen stets wichtiger als Aussehen, Haptik oder Marke – das gilt auch für andere Lebenssituationen.

Er pflegt intensive und langjährige Freundschaften mit Gleichgesinnten und trifft sich mit ihnen gerne am Wochenende zum Spieleabend oder Wandern.

Seine Beziehungen sind langjährig und werden nicht in Frage gestellt. Er liebt seine Kinder und verbringt mit ihnen gerne und viel Zeit, am liebsten in der freien Natur. Dafür lässt er schon mal die Arbeit liegen.

# Ich packe meinen Koffer

## Was ein Koffer so über den Reisenden auspacken kann …

Das Kofferpacken zu Beginn des Urlaubs ist wahrscheinlich für fast jedermann ein zweischneidiges Schwert. Auf der einen Seite soll es ein Moment der Vorfreude sein, in dem das prickelnde Gefühl im Hinblick auf den bevorstehenden Urlaub erst richtig aufkeimt. Andererseits stellt sich immer wieder dieselbe Frage, was man nur alles mitnehmen soll und vor allem was nicht. Und wie bekomme ich wohl alles in diesen kleinen Koffer?

Die Art und Weise, wie ein Mensch seinen Koffer packt und für welche Utensilien er sich entscheidet, sagt viel über seine persönlichen Eigenarten aus. Zunächst scheinen jedoch die klassischen Klischees auf männliche und weibliche Kofferpacker voll zuzutreffen. So ist es in der Tat so, dass die weiblichen Kofferpacker eher dazu neigen, mehr als nötig mitzunehmen, während die männlichen Reisenden oft zu wenig eingepackt haben. Trotzdem ist auch das wieder kein Grund für Verallgemeinerungen, denn bei beiden Geschlechtern ist auch das genaue Gegenteil zu finden.

Was die Klischees betrifft, so sollte hier auch erwähnt werden, dass eine bekannte Hotelreservierungsseite einen erstaunlichen Fund gemacht hat, als sie ihren Kunden in den Koffer gesehen hat: 46 Prozent der deutschen Reisenden hatten nämlich ihr eigenes Schwarzbrot dabei!

6 Prozent gehen nicht ohne ihre Ohrstöpsel auf Reisen und immerhin in jedem vierten Koffer befindet sich ein Wecker.

Und zuletzt kann sogar das Alter des Eigentümers eines Koffers bei der Analyse ungefähr festgestellt werden. Denn auch hier sind klare Unterschiede zu erkennen. Hier ist die Anzahl der mitgeführten technischen Geräte besonders aussagekräftig. Die jüngere Generation hat natürlich weitaus mehr an technischem Equipment dabei als die ältere. Dabei handelt es sich aber nicht nur um die Urlaubslektüre auf dem E-Book-Reader, sondern oftmals um den Laptop mit der Angabe, dass auch im Urlaub immer wieder gearbeitet werde.

Vielleicht ist genau dieser Blick hinter die Kulisse einer Person auch die Motivation für manch einen Bieter bei den Versteigerungen der Fundsachen der Flughäfen. Es ist spannend, einen völlig fremden Koffer zu öffnen und damit einen Blick in ein anderes Leben werfen zu können. Und es macht Spaß, aufgrund des Inhaltes des Koffers über das Leben des Vorbesitzers zu spekulieren und vielleicht darauf zu hoffen, einen kleinen Schatz zu bergen.

Aber nicht nur der Inhalt eines Koffers kann Aufschluss über die Person geben, die hinter dem Gepäck steht, sondern auch die Herangehensweise ans Packen und die Packart selbst.

Man kann sogar persönliche Vorlieben der alltäglichen Lösungsstrategien aus einem Gepäckstück ablesen.

Die Art, wie jemand »das Problem«, seinen Koffer so zu packen, dass er perfekt für seinen Urlaub gerüstet ist, angeht (oder auch nicht), sagt einiges über seine Persönlichkeitsstruktur aus. Die Psychologin Honey Langcaster-James hat in einer Studie, die das Packverhalten der Reisenden untersuchte, herausgefunden, dass Pack-Typen auch auf ähnliche Weise an andere Problemstellungen ihres Lebens herangehen. Der eine geht seine alltäglichen Probleme grundsätzlich nur mit Struktur und Plan an, während ein anderer einfach darauf zugeht – ohne Plan, aber mit einem sehr ähnlichen Ziel. Ein generell eher durchstrukturierter Mensch wird daher bei dem Anblick des Koffers eines auch im Alltag eher spontanen und vielleicht auch ein bisschen chaotischen Menschen die Nase rümpfen.

Im weitesten Sinne geht es beim Packen eines Koffers auch um das Thema »Selbstregulation« – ein großes Thema in der Psychotherapie und dabei sehr aufschlussreich. Inwieweit kann oder muss sich eine Person durch ihr Handeln selbst regulieren? Gehen wir ganz wissenschaftlich vor, stellen sich in diesem Kontext folgende Fragen: Kann die Person sich Ziele, in diesem Fall zum Beispiel ein sinnvoll gepackter Koffer, setzen? Kann sie den Unterschied zwischen Soll- und Istzustand feststellen? Kann sie geeignete Aktionen planen, auswählen und umsetzen? Nur weil jemand weiß, dass er einen Koffer packen will, heißt das noch lange nicht, dass er das dann auch schafft.

Gerade in diesem Bereich kann man mit geschultem Auge tief in das Wesen eines Menschen blicken. Und auch die Motivation zur Selbstregulation, also zur Kontrolle, spielt dabei eine äußerst wichtige Rolle. Sie kann in vielen Fällen bis hin zur Zwanghaftigkeit führen und ist in diesem Fall für die betreffende Person eben nicht mehr kontrollierbar.

Wenn also bei der Regulierung des Selbstmanagements Probleme auftreten, können diese weitreichende Folgen bis hin zu psychischen Störungen haben. Das kann sogar so weit gehen, dass eine eigenständige Lebensführung stark beeinträchtigt wird, wie es im Fall der Borderline-Erkrankung oder Suchterkrankungen allgemein festzustellen ist. Beide Krankheiten haben ihren Ursprung im Bereich der Selbst- und der Impulskontrolle. Treten Störungen in diesen Bereichen auf, ist es dem Betroffenen oft nicht möglich, sich über ein Selbstregulativ aus der Situation zu befreien. Er muss wieder lernen, die Kontrolle über sein Verhalten zurückzugewinnen, um es dahingehend zu verändern oder zu beeinflussen, dass eine echte Problemlösung stattfinden kann. Erst dann können wieder eine Befriedigung der Bedürfnisse und eine eigenverantwortliche Stabilität einkehren.

Doch auch unabhängig von tiefer gehenden psychischen Erkrankungen kann der an sich unbedeutende Akt des Kofferpackens einigen Aufschluss über die grundsätzliche Persönlichkeitsstruktur liefern – sehen wir ihn uns also genauer an.

## Die Herangehensweise

### Der Listenschreiber:

Die Bandbreite ist in diesem Fall enorm: Da gibt es die **klassischen Listenschreiber**, die, bevor sie alles auf ihr Bett legen, eine Liste mit den zu transportierenden Dingen anlegen, um dann noch einmal die Richtigkeit ihrer Angaben prüfen zu können.

Daneben gibt es das **Listenorakel**. Dieser Mensch plant nicht nur die mitzunehmenden Kleider mit Listen, sondern auch das erwünschte Geschehen am Urlaubsort. Welches dann gemäß Liste auch so stattzufinden hat.

Egal wie der Listenschreiber genau vorgeht: All seine Ausformungen sind in übertriebener Weise genau und führen auch andere Dinge mit peinlicher, kleinlich wirkender Exaktheit aus. Dabei hängen sie nur allzu oft an unwesentlichen Dingen fest und wirken auf andere ängstlich, engstirnig und steif.

### Der Spontanpacker:

Im absoluten Gegensatz zu den Listenpackern stehen die Spontanpacker, die meistens in letzter Sekunde das, wovon sie ausgehen, sie könnten es wahrscheinlich irgendwann brauchen, in den Koffer werfen.

Der Spontanpacker hat die Fähigkeit, Verstand und Vernunft mit der Leichtigkeit des Seins zu kombinieren und als Freigeist spontan zu handeln.

Auch bei anderen Problemstellungen zögert er nicht lange, sondern handelt schnell und beherzt. Die Fehler, die ihm dabei unterlaufen können, nimmt er billigend in Kauf. Geschwindigkeit ist ihm wichtiger als Genauigkeit.

## Die Packart

### Der Minimalist:

Meistens ist der Minimalist der eher praktische und strukturierte Typ, der sich genau überlegt, was er auf seiner Reise brauchen wird und was nicht. Wobei auch diese Art zu packen ihre Tücken birgt. So passiert es dem Minimalisten öfter, dass ihm das ein oder andere Detail entgangen ist und er es sich nachträglich am Urlaubsort besorgen muss.

Er packt so wenig ein, weil er sich von Anfang an genau überlegt hat, was in diesem Urlaub auf ihn zukommen wird. Damit schließt er unvorhergesehene Vorkommnisse kategorisch aus. Häufig ist er jemand, der nicht zu viel Zeit auf das leidige Packthema verwenden will und damit ganz im Gegenteil einiges auf sich zukommen lassen kann. Anders als das Listenorakel ist seine Art zu packen nicht mit Träumen verbunden, sondern rein sachlicher Natur. Meistens findet man diesen Typ in der männlichen Bevölkerungsschicht wieder.

### Der Allespacker:

Ihn kann man in zwei Unterarten unterteilen: Die **eher faule Sorte** packt einfach alles ein, um nicht länger nachdenken zu müssen und Zeit zu sparen. Denn wenn man möglichst viel mitnimmt, wird das Richtige bestimmt dabei sein. Und man spart sich das zeitraubende Nachdenken darüber, was sinnvoll und was überflüssig sein könnte. Es handelt sich also um einen sachorientierten Menschen, der keine Angst davor hat, zum Beispiel die falschen Kleider mit in den Urlaub genommen zu haben.

Der **vorsichtige Allespacker-Typ** ist meist von einem ganz anderen Thema getrieben – der Angst, etwas vergessen zu können. Was passiert, wenn man in der Fremde feststellt, dass ein wichtiges Teil fehlt? Kann man es sich dort beschaffen? Und wenn, hat es dann die gleiche Qualität? Für diesen Menschen ist es beruhigend, wenn er Dinge planbar machen kann. Es ist für ihn beängstigend, in eine ungewisse Zukunft zu reisen, ohne die altbewährten Gegenstände, ohne die Heimat und damit die Sicherheit mit im Gepäck zu wissen.

## Der Stopfer:

Ihm ist es wichtig, möglichst kompakt alle Utensilien zu transportieren. Alles muss mit, wie auch immer. Ungeachtet von Reinheits- und Bügelzustand wird alles zusammengemischt. Einzig für ihn wichtig ist, dass seine Sachen gleichzeitig mit ihm am Zielort ankommen. Bügeln kann man auch später – oder gar nicht.

Man trifft ihn häufig auf Individualreisen, zum Beispiel auf der Khaosan Road, über die er gerne und ausführlich berichtet. Es geht ihm darum, seinen Horizont zu erweitern, alles andere ist für ihn zweitrangig.

## Der Akkurate:

Bei ihm handelt es sich um einen äußerst kultivierten, sympathischen, gut aussehenden und gepflegten Zeitgenossen. Meist gehört er auch zur Gruppe der Listenpacker. Er ist sich des Werts seiner Garderobe bewusst und behandelt sie daher pfleglich. Sein Lebensstil ist geprägt von Bildung, Qualität und häufigem Reisen. Man findet ihn oft in repräsentativer Stellung, in der sein äußeres Erscheinungsbild von größter Wichtigkeit ist. Deshalb legt er Wert auf den adäquaten Transport seiner Habseligkeiten.

Trotz der großen Bedeutung, die die Außenwirkung für ihn hat, hat dieser kluge, einfühlsame, kunstsinnige und intelligente Mensch immer ein offenes Ohr für die Probleme seiner Mitmenschen. Man findet ihn daher oft in altruistischen Berufen.

Ordnung und Struktur helfen ihm dabei, sein ereignisreiches, erfülltes und spannendes Leben in vollen Zügen zu genießen. Dabei ist er zielstrebig, erfolgreich und fleißig.

Trotz seiner Schwäche für die leiblichen Genüsse ist er stets athletisch trainiert.

## Der Verteiler:

Er ist meistens mit dem Auto auf Reisen. Das ermöglicht ihm, sein Gepäck portionsweise auf sämtliche Ebenen des Gefährts zu verteilen.

Bis zur Abfahrt fallen ihm noch verschiedenste Gegenstände ein, die mit müssen und dann als Einzelteile verstaut werden. So reisen mit ihm neben einem Koffer eine Vielzahl an Taschen, Tüten sowie diverse lose Einzelteile. Das macht nicht nur Grenzkontrolleure, sondern auch akkurate Mitreisende verrückt.

Er ist spontan, gefühlvoll, labil, aber flexibel.

Bei aller Unstrukturiertheit ist er sinnlich, intelligent und schöpferisch. Er ist verschwenderisch, denkt nicht an morgen und berechnet nie die Kosten.

Man findet ihn in kreativen Berufen, in denen er von diesen Eigenschaften profitieren kann.

# O Tannenbaum!

## Wie viel der Weihnachtsbaum über die Persönlichkeit verraten kann …

Obwohl jedes Jahr zur Weihnachtszeit fast die ganze Nation, nein die ganze Welt damit beschäftigt ist, sich um den Kauf des aktuellen Weihnachtsbaums zu kümmern, ist vielen dabei gar nicht klar, wie aussagekräftig der alljährliche Erwerb des Tannenbaums sein kann.

Der im 19. Jahrhundert in Deutschland entstandene Brauch hat sich mittlerweile fast über die ganze Welt verbreitet. Es entwickelte sich die Tradition, den Baum in die Wohnräume zu holen und ihn mit mundgeblasenen Kugeln oder Lametta zu schmücken.

In diesem Kontext stellen sich immer wieder dieselben Fragen: Muss der Baum über ein eindrucksvolles Astwerk verfügen, das mit sämtlichem Schmuck, der zu finden ist, behängt wird? Oder darf es auch das kleinwüchsige, etwas mickrig geratene Bäumchen sein, das beinahe schon aus reinem Mitleid gekauft wurde? Diese Fragen sind natürlich für denjenigen, der die Tanne auf den letzten Drücker erwirbt, relativ irrelevant, weil es sich dann sowieso meist um Restposten handelt, die schnell und günstig gekauft werden.

Der Baum zeigt, wie wichtig dem Besitzer das Erscheinungsbild und damit die Außenwirkung der weihnachtlichen Tradition sind. Was natürlich nicht heißen soll, dass nicht auch ein kleiner und etwas schiefer Baum richtig in Szene gesetzt werden kann. Manchmal kann man auch trotz kleinem Baum und weniger Schmuck die Liebe zum Detail entdecken, die jemand an den Tag gelegt hat.

Doch gehen wir Schritt für Schritt vor …

## Der Baumkauf

Planung und Ausführung des Kaufes verraten schon viel über den Menschen, der sich hier um seinen Weihnachtsbaum gekümmert hat.

### Der traditionelle Typ:

Der traditionelle Typ folgt jener Kaufvariante, bei der seit Jahren schon immer ein Familienmitglied für die Besorgung des Baumes zuständig ist. So ist es auch mit der Wahl des Händlers – die traditionsbewusste Familie kauft immer bei demselben Weihnachtsbaumverkauf und macht vielleicht bei dieser Gelegenheit sogar schon die Vorbestellung für das nächste Jahr.

Genauso verhält es sich mit dem Rest der alljährlichen Veranstaltung. Der traditionelle Typ hält die Traditionen hoch und pflegt die Rituale, die schon seit seiner Kindheit gleich sind. So gibt es zum Abendessen am Weihnachtstag das einfache Gericht, damit Mutti in der Küche nicht zu viel Arbeit hat. Bei ihm zu Hause werden althergebrachte Rollenbilder gepflegt, sogar der Baum steht an der immer gleichen Stelle.

Der traditionelle Typ findet Halt in festen Strukturen. Er hält am Bewährten fest, um keine Enttäuschungen erleben zu müssen. Neuerungen steht er äußerst skeptisch gegenüber. Das kann häufig dazu führen, dass die im Haushalt lebenden Kinder nach der Feier die Flucht ins Nachtleben ergreifen, was natürlich ein Dorn im Auge des traditionellen Typs ist.

Die Familie hat für ihn oberste Priorität, er ist immer für alle da und steht mit Lösungen für beinahe jedes Problem den Angehörigen zur Seite. Für ihn sind Wiederholungen generell wichtig, denn er schöpft seinen persönlichen Halt aus feststehenden Ritualen. Veränderungen steht er kritisch gegenüber, denn warum soll das Altbewährte gegen etwas Neues und Unbekanntes ausgetauscht werden?

In privaten Beziehungen ist auf ihn Verlass, wenn er sich einmal entschieden hat, hält er daran lebenslang fest.

## Der spontane Typ:

Vom spontanen Typ wird jedes Jahr aufs Neue der potenzielle Händler des Vertrauens gesucht.

Beim Kauf ist es ihm egal, um welche Art Nadelbaum es sich handelt. Am Weihnachtstag selbst zieht er am Vormittag gestresst los und glaubt, unter den verbliebenen Bäumen das echte Schnäppchen zu machen. Dabei sind ihm Aussehen und Größe wichtiger als Nachhaltigkeit und Qualität.

Er ist schnell entschlossen, da sich ihm der Geist von Weihnachten eher durch das Zusammensein der Familie erschließt als durch die eigentliche religiöse Bedeutung. Sein Fokus liegt generell eher auf dem Familienfest mit gutem Essen als auf der Inszenierung der Rituale.

Da er häufig in aufgebrochenen Familienstrukturen lebt und auch selbst oft beruflich ins Ausland muss, ist für ihn die Zeit zu Hause im Kreis seiner (manchmal auch Patchwork-)Familie extrem wichtig. Deshalb spielt es für ihn eine untergeordnete Rolle, wie der Baum aussieht oder welcher Herkunft er ist.

Seiner inneren Sehnsucht nach Liebe, Treue und Aufmerksamkeit wird er im Alltag nicht immer gerecht. Da gibt es gerade an Weihnachten einen Nachholbedarf. Wenn sein Alltagsgeschäft ruht, kann er sich auf seine genuinen Wünsche und Bedürfnisse konzentrieren und seiner Familie das bieten, was sie sonst höchstens noch während des Sommerurlaubs von ihm bekommt.

## Der Selbstschlager:

Dieser Typ bricht frühmorgens am Weihnachtstag mit komplettem Equipment auf, um die auserwählte Tanne in einer eigens dafür errichteten Monokultur mit Hunderten von weiteren Individualisten zu schlagen. Es gibt ihm das Gefühl von Freiheit und Abenteuer, wenn er mit seinem Minivan des Nachts in die bewaldeten Bezirke außerhalb seiner Vorstadt fahren kann, um den Auftrag auszuführen.

Die selbst erlegte Beute präsentiert er dann stolz und mit vielen Worten dem Rest des Familienverbundes.

Für ihn ist es jedes Jahr ein Fest, wenn er für ein paar Stunden vom possierlichen Vorstadtbewohner zum rauen Naturburschen mutieren kann.

Eigentlich fühlt er sich in seinem alltäglichen Leben gefangen und missverstanden, er hat oft das Gefühl, im falschen Leben zu sein, und sehnt sich eher nach der großen Herausforderung als der Bilanzbuchhaltung. Trotzdem kann er sich in sein Schicksal fügen und die Vorteile seines beschaulichen Lebens sehen und genießen. Auch in anderen Lebensbereichen kann er die Dinge annehmen, wie sie sind.

## Der mit dem Plastikbaum aus dem Keller:

Er begegnet dem Weihnachtstrubel völlig ungerührt, denn Hauptsache ist, dass der Baum den Weihnachtstag mit allen Verwandten überlebt und dabei kein allzu großes Loch in den Geldbeutel gerissen wird. Gipfeln kann dieser Pragmatismus in einer Plastiktanne, die fertig geschmückt aus dem Keller geholt wird und auch genauso wieder entsorgt wird, wenn das Fest vorbei ist.

Es ist ihm wichtig, seiner Verpflichtung Genüge zu tun und ein Mindestmaß an Weihnachtskeypieces vorrätig zu haben.

Er ist ein Pragmatiker, der sich nicht stressen lässt.

## Der mit dem ökologisch wertvollen Baum:

Ganz im Gegensatz dazu gibt es den ökologisch korrekten Weihnachtsbaumkäufer, der sich erst einmal erkundigt, ob die Tanne auch aus nachhaltigem Anbau stammt. Und wenn nicht, dann ist zumindest die Garantie des Verkäufers, den Baum nach den Feiertagen zurückzunehmen und ihn in einen neuen Bestand einzupflanzen, das ausschlaggebende Kaufkriterium.

Dieser Typ Mensch hinterfragt gerne und oft. Die Dinge müssen sich ihm erschließen, er braucht Beweise. Im Extrem verliert er sich gerne im Diskurs, sodass die Lösung in den Hintergrund tritt.

Er ist ein Theoretiker mit Sachverstand, den er sich aus Internet und einschlägiger Fachliteratur zusammengetragen hat. Er steht Umweltorganisationen nahe, bei denen er sich gerne auch persönlich engagiert.

Seine persönlichen Beziehungen sind geprägt von ausführlicher Kommunikation in allen Lebensbereichen und dogmatischem Hinterfragen von Bekanntem wie zum Beispiel Nutzen und Schaden von Impfungen.

## Aussehen

Wenn geklärt ist, wie und wo der Baum erworben wird – oder eben nicht –, steht automatisch die nächste Entscheidung ins Haus: Wie soll er aussehen?

### Der Protz-Baum:

In der Regel ein 3-Meter-Baum, der unter allen Umständen zum Zwecke der Repräsentation in den Wohnraum gezwängt werden muss. Und das selbst unter der Bedingung, dass am Ende vielleicht doch die Spitze abgesägt werden muss, denn Zeit zum Nachmessen hatte niemand. Diese Prozedur endet meist damit, dass der Baum aufgrund seiner Instabilität mit einer Schnur an der Decke befestigt werden muss. Diese Opulenz hat rein weltlichen Charakter und soll dem Betrachter Wohlstand und Wichtigkeit des Besitzers näherbringen.

Wer sich für einen Protz-Baum entscheidet, neigt auch sonst dazu, das Gegenüber mit seinen Leistungen zu »erschlagen«. Im Gespräch mit ihm kommt man kaum zu Wort, weil der Besitzer eines Protz-Baums am liebsten nur von sich erzählt. Er ist leistungsorientiert und neigt zu Arroganz.

### Der bescheidene Baum:

Der bescheidene Baum deutet auch auf einen bescheidenen Weihnachtsbaumkäufer hin. Er braucht kein großes Equipment, um das Fest mit seiner Familie zu feiern, oft ist er an Weihnachten selbst gar nicht zu Hause. Der Baum dient dem Treffen nach den Feiertagen. Die Feiertage selbst verbringt er gerne in einer Hütte in den Bergen, wo er sich Ruhe gönnt und entspannt. Wer einen bescheidenen Baum aufstellt, hat es nicht nötig, andere vom eigenen Wert zu überzeugen. Solche Menschen zeichnen sich aus durch ein stabiles Selbstbewusstsein, sie ruhen in sich selbst.

Allerdings muss dieses Urteil revidiert werden, wenn sich tatsächlich aus einem Mangel an Platz oder Geld für den bescheidenen Baum entschieden wurde. Dann sind andere Merkmale für die Charakterdeutung heranzuziehen.

## Baumschmuck

Ist der Baum erst einmal aufgestellt, geht es ans Eingemachte: den Schmuck – und dieser ermöglicht tiefe Einblicke ...

### Wachskerzen:

Es ist für den Menschen, der sich für die seit jeher benutzten echten Wachskerzen entscheidet, ein Unding, sich vorstellen zu müssen, diese durch elektronischen Schnickschnack zu ersetzen.

Ihm ist Originalität wichtiger als das moderne Glitzern. Für ihn sind das Anzünden und Bewachen der echten Kerzen ein Herzstück des Festes.

Er ist ein Perfektionist und bereit, für die Erreichung seiner Ziele große Opfer zu bringen.

## Lichterkette:

Für den Elektrokerzenbenutzer ist es genauso unglaublich, das Risiko einzugehen, vielleicht wegen einer vergessenen Kerze sein Hab und Gut in Flammen aufgehen zu sehen. Deshalb entscheidet er sich für die elektrifizierte Variante – er denkt und lebt pragmatisch. Ihm ist das Ergebnis wichtiger als der Weg dorthin.

## Funk-Kerzen:

Der Perfektionist dagegen, für den die Sicherheit im Vordergrund steht, dem aber gleichzeitig das alljährliche Kabelwirrwarr der elektronischen Kerzen ein Graus ist, entscheidet sich für die Funkversion der Beleuchtung. Und sollte das nicht seinem finanziellen Budget entsprechen, muss doch zumindest eine Zeitschaltuhr zum Einsatz kommen, um das lästige Steckerziehen zu ersetzen.

Die Kerzen sind bei ihm immer im perfekten Verhältnis am Baum verteilt und stehen senkrecht nach oben.

In seinem Leben muss alles funktionieren. Er ist Herr über die Technik, die ihm das Leben leichter machen soll. Er liebt die Annehmlichkeiten der modernen Welt, in der sich das Auto von selbst aufheizt, bevor er losfährt, und die Jalousien sich schließen, bevor die Sonne untergeht.

Eigene Aktivitäten treten nicht selten in den Hintergrund, da er oft viel Zeit mit der Programmierung der Technik verbringt. Stolz präsentiert er seinen Freunden und der Familie seine neuesten Errungenschaften und betont die Zeitersparnis und den Sicherheitsvorteil. Seinen Kindern und seiner Frau stellt er die technischen Errungenschaften gerne zur Seite, auch wenn sie häufig gar nicht so viel damit anfangen können.

Auch wenn ihn seine Mitmenschen gerne mal als nervig empfinden, ist doch das Wohlergehen seiner Mitmenschen sein eigentlicher Antrieb.

## Die gemischte Beleuchtung:

Wer so schmückt, besitzt einen traditionellen Anspruch an seinen Baum, deshalb verwendet er echte Kerzen. Zudem benutzt er aber auch elektrische Lichter, mit denen er den Baum letztendlich illuminiert. Die Kerzen dienen nur dem Schein, sie haben den Zweck, das Echte zu bewahren. Doch diese Echtheit ist nur vorgetäuscht, er verlässt sich am Ende lieber auf die moderne Technik. Er ist ein Heuchler.

Ob die Kerzen, die dann letztendlich den Baum schmücken dürfen, einfarbig oder bunt sind, hängt mit der allgemeinen Einstellung zum Thema »Weihnachtsschmuck« zusammen.

Der Schmuck eines Weihnachtsbaumes ist so individuell wie die Menschen, die sich einen solchen zulegen. Trotzdem sind die Variationen doch wesentlich geringer als gedacht. Denn im Grunde gibt es vier Schmuckvarianten, für die sich die meisten Menschen entscheiden.

## Der vererbte Baumschmuck:

Seit Jahrzehnten wird hier der von einer Generation an die nächste weitergegebene Schmuck genutzt, der aufgrund seines Alters auch meistens schwer zu ersetzen und einzigartig ist. Es gleicht dem Öffnen einer Schatztruhe, wenn die

Weihnachtskugeln, die schon den Baum der Urgroßeltern schmückten, hervorgeholt werden. Auf diese Weise wird die Tradition und damit auch ein Stück der Familiengeschichte immer weitergegeben. Wer seinen Baum so schmückt, dem stellt sich nicht die Frage nach einem neuen oder anderen Schmuck des Baumes.

Der Besitzer des vererbten Baumschmuckes liebt die Kombination aus Tradition und Moderne und versucht, das Althergebrachte in das moderne Leben zu integrieren. Seine Wohnungseinrichtung besteht sowohl aus Antiquitäten der Familie wie aus modernen Designerstücken.

Auch die Uhr des Großvaters verträgt sich in seinen Augen wunderbar mit dem aktuellen Smartphone.

Obwohl er über eine wertkonservative Einstellung verfügt, ist er Neuem gegenüber aufgeschlossen, was ihn trotz seines traditionellen Kontexts progressiv erscheinen lässt.

## Der abwechslungsreiche Baum:

Sein Besitzer ist eher der flexible Typ: Seine Art, den Baum zu schmücken, besteht darin, sämtlichen im Keller oder auf dem Speicher gehorteten Schmuck zu überprüfen und sich jedes Jahr für eine andere Kombination zu entscheiden. Hierin liegt die größte Freiheit für kreative und experimentierfreudige Menschen. Man kann sich entscheiden, ob man in diesem Jahr schlicht und bei einer Farbe bleiben möchte oder ob man vielleicht die verschiedenen Stilrichtungen zusammenbringt und einen kunterbunten Baum entstehen lässt. Dabei kann der Betrachter oft auch selbst gebastelten Schmuck entdecken, der zum Teil auch noch aus anderen Generationen stammt.

Jemand, der seinen Baum auf diese Weise schmückt, verfügt über eine kreative Ader und den Mut, dieser auch freien

Lauf zu lassen. Er schert sich nicht um Konventionen, sondern geht den Weg seines Herzens. Es handelt sich um Persönlichkeiten, die neuen Themen gegenüber offen sind und auch gerne auf andere Menschen zugehen.

Sie verfügen über einen großen Freundeskreis, da sie für ihr stets offenes Ohr sehr wertgeschätzt werden. Wenn man ein Problem hat, stehen sie einem mit Rat und Tat zur Seite, selbst in tiefster Nacht.

## Der gestylte Baum:

Menschen, die ihren Baum stylen, sind eher die Ausnahme, aber sie sind doch so häufig, dass dieser Typ erwähnt werden sollte.

Sie kaufen sich den perfekt gestylten Weihnachtsschmuck, auf Anfrage sogar fertig dekoriert mit Baum. Das ist gerade für die Menschen lohnend, die entweder keine Zeit haben, den Baum selbst zu schmücken, oder keine Lust. Beides heißt aber trotzdem nicht zwangsläufig, dass es diese Menschen nicht interessiert. Es gibt einige, für die es bedauerlich ist, nicht selbst Hand anlegen zu können. Umso größer ist die Freude, wenn rechtzeitig an Heiligabend ein makelloser Baum den Wohnraum ziert.

Häufig hetzen diese Menschen bis zum Heiligabend, 18 Uhr, von Termin zu Termin und bringen keine Zeit auf, das Privatleben selbst zu organisieren. Aufgrund ihres beruflichen Erfolges sind sie auf fremde Hilfe angewiesen. Dies können sie aber gut annehmen, da sie es von häufigen Hotelaufenthalten gewöhnt sind.

Erfolg und Karriere stehen für sie über Tradition und Familie. Sie ordnen eigene Bedürfnisse dem Business unter. Um sich beruflich verwirklichen zu können, geben sie auch die Kindererziehung in fremde Hände.

Manchmal werden diese Bäume auch für den repräsentativen Zweck genutzt, um zum Beispiel den Eingangsbereich eines Unternehmens zu schmücken.

Eine Unterart des Baum-Stylers ist der **Blender**. Jedes Jahr hat er einen völlig neu geschmückten Christbaum, die Schmuckstücke daran sind jedoch meist aus Fernost und entbehren jeglicher Qualität. Er besorgt sie im Internet und bei Discountern – der Schein ist ihm wichtiger als Langlebigkeit. Der Blender braucht in seinem Leben das gewisse Bling-Bling und schätzt den pompösen Auftritt – selbst zu Weihnachten. In seinem Leben darf es gerne etwas dramatischer und geschmückter zugehen. Sein Hang zur Inszenierung erstreckt sich bis zu seinen Vorlieben im Schlafzimmer.

Für ihn ist es aber nicht wichtig, ob etwas langfristigen Bestand hat. Durch seine Sprunghaftigkeit benötigt er ohnehin immer wieder Neues. Nur so kann er seinem Anspruch auf Originalität gerecht werden.

## Der ungeschmückte Baum:

Die vierte, zeitsparendste und billigste Variante ist, den Baum gar nicht zu schmücken. Das passiert zwar noch seltener, als dass ein fertig gestylter Baum erworben wird, aber es kommt vor. Gerade in der jungen Generation genügt es oft, einfach viele bunte Lämpchen anzubringen und schon ist das Weihnachtswunder vollbracht.

Ein vorschnelles Urteil kann hier ein Fehler sein. Denn es muss sich nicht um den desillusionierten, desinteressierten Mitmenschen handeln, der gute Miene zum bösen Spiel macht. Viele, die ihren Baum auf diese Weise schmücken, geben an, dass sie es wirklich schöner finden, all den Schmuck wegzulassen und sich nur auf die Beleuchtung zu reduzieren. Und manchmal ist es auch einfach ein finanzielles Problem, das dazu zwingt, sich auf das Wesentlichste zu reduzieren. Die Tradition wird trotzdem gelebt.

Der Minimalist unter den Nichtschmückern hätte vielleicht sogar Schmuck im Keller, verzichtet aber bewusst darauf, um durch Reduktion das Wesentliche vom Fest zu betonen.

## Art der Entsorgung

Zum Schluss stellt sich die Frage nach der Entsorgung der Weihnachtsbäume. Und auch in dem Punkt macht das Fest der Traditionen seinem Namen alle Ehre. Die meisten entsorgen ihren Baum nämlich jedes Jahr auf dieselbe Weise.

Aber es gibt durchaus verschiedene Wege, das gute Stück wieder loszuwerden.

### Die Abholung:

Der Großteil der Menschen entscheidet sich für die bequeme und bewährte Form der Entsorgung: An einem festgelegten Tag und Ort werden die Bäume von der Stadt oder der Gemeinde abgeholt. Das ist mit Sicherheit der rationalste, aber vielleicht auch emotionsloseste Weg.

Wer sich dafür entscheidet, hat weder Sinn noch Zeit, sich mit dem weiteren Lebensweg seines Baumes auseinanderzusetzten. Für ihn ist die Weihnachtszeit beendet und er schaut vorwärts, in das neue Jahr.

Dieser Typ Mensch beschäftigt sich gerne und intensiv mit Themen. Ist ein Projekt aber beendet, wird es auch schnell ad acta gelegt.

## Die nachhaltige Entsorgung:

Der Anhänger der nachhaltigen Entsorgung informiert sich schon vor dem Kauf darüber, ob der Baum wieder eingepflanzt wird, und trägt so seinen Teil zum Umweltschutz bei. Wobei es auch häufig vorkommt, dass das Bäumchen im eigenen Garten seinen Platz findet und im folgenden Jahr draußen mit Lichtern behangen wird.

Dieser Typ Mensch beschäftigt sich intensiv mit dem Kreislauf der Natur und geht überaus sorgsam mit Mensch, Tier und Pflanze um. Er ist nachdenklich, moralisch und schätzt den Wert der Dinge. Oberflächlichkeit ist ihm ein Dorn im Auge – Schönheit entsteht für ihn im Inneren.

## Die Verbrennung:

Eine weitaus unorthodoxere, aber auch praktizierte Lösung des Entsorgungsproblems ist das Verbrennen. Ist im Haus ein Kamin oder Ofen vorhanden, werden die Überreste des Baumes oft zum Befeuern verwendet. Obwohl man in dem Fall auch auf eine relativ emotionslose Umgangsweise schließen könnte, handelt es sich beim Verbrenner ganz im Gegenteil um einen Menschen, der seinen Weihnachtsbaum nicht einfach wegwirft, sondern sogar einen sinnvollen und ökologischen Weg der Entsorgung gefunden hat.

So hart die Maßnahme des Verbrennens auch klingen mag, steckt hinter der Fassade dieses Zeitgenossens ein weicher Kern. Diese sensible Seite erleben aber nur diejenigen, die ihm besonders nahestehen.

Generell gehört er zu den Problemlösern und Machern, nicht ohne eine umfassende und emotionale Sichtweise der Situation.

# Minirock und Mottenkugeln

## Welche tiefen Einblicke der Kleiderschrank gewähren kann ...

Bis auf sehr seltene und vereinzelte Ausnahmen hat ihn jeder und es braucht ihn auch jeder – den Kleiderschrank. Meist befindet sich das gute Stück zur Aufbewahrung der Kleider im Schlafzimmer, um unnötige Wege zu ersparen. Aber hier kann die Analyse bereits beginnen: Der Ort, an dem der Schrank untergebracht ist, ist schon ein Hinweis auf die Lebensart seines Besitzers. Steht er doch weiter weg vom Schlafzimmer? Und wenn ja, was hat das für Gründe? Manchmal ist es einfach der Platzmangel in einem kleineren Schlafzimmer, der dazu zwingt, den Schrank an einem anderen Ort aufzustellen.

Manchmal gibt es jedoch auch andere Gründe. Da gibt es denjenigen, der gerne viel Platz in seinem Schlafzimmer hat, weil er sich sonst beengt fühlt, und deshalb das große Möbelstück zum Beispiel lieber im Flur postiert. Oder der, der sich das Zimmer schon mit anderen Dingen, die ihm wichtiger als seine Kleider sind, so vollgestopft hat, dass kein Platz mehr ist.

Bei Menschen, die gerne planen, findet man oft einen Einbauschrank vor, der den wenigsten Platz einnimmt und dabei trotzdem funktional ist. Und diejenigen, die genügend Platz in ihrem Zuhause haben, bekommen sogar ihr eigenes Schrankzimmer.

Gerade auch der Blick auf die Art des Schranks lohnt sich, beschreibt doch diese auch ein wenig die generelle Einstellung zum Leben des Eigentümers.

## Der Schrank an sich

### Der Basisschrank:

Gerade pragmatische Menschen entscheiden sich immer wieder für das einfach aufzubauende und praktische Exemplar, das hauptsächlich seinem Nutzen dienen soll. Ihnen genügt ein Pressspanmöbel mit Holzfurnier vorzugsweise aus schwedischen Möbelgeschäften, welches nach einmaligem Aufbau am besten nicht mehr abgebaut werden sollte.

Sie suchen einfache und schnelle Lösungen für ihre aktuelle Lebenssituation, die sich abhängig von Beruf und Beziehungsstand jederzeit ändern kann.

Das Motto der Basisschrank-Besitzer lautet: »Was nicht passt, wird passend gemacht.« Dabei sind sie äußerst genügsam und legen ihren Fokus eher auf Flexibilität.

## Die Kleiderstange:

### Der Sparsame

Er ist noch sparsamer als der Basisschrank-Typ, der sich mit seiner Schrankwahl noch den Konventionen beugt, und stellt die Funktionalität hinter den Preis.

Für ihn zählt nur die Möglichkeit, seine Kleidung unterzubringen, im Prinzip genügt ihm dafür eine einfache Kleiderstange. Hauptsache, das Ganze ist preiswert in der Anschaffung. Optik und Haptik sind ihm ebenso wenig wichtig wie die Qualität und Haltbarkeit des Schranks.

Das gesparte Geld wendet der Sparsame eher für andere Bereiche seines Lebens auf – denn hier weiß er durchaus, was es heißt, sich auch einmal etwas zu gönnen. Gerade seine Garderobe ist paradoxerweise von hoher Qualität.

### Der Schmerzfreie

Auch er greift auf die Kleiderstange zurück. Dem schmerzfreien Typ genügt es in der Regel, einfach eine Stange hinter einem Vorhang zu installieren, damit er seine Klamotten nicht sehen muss. Er ist eine gewagte Mischung aus Sparfuchs und Pragmatiker, gepaart mit einer saftigen Portion Wurschtigkeit. Meist ist dieser Typ unter nicht sesshaften Studenten oder anderen Freigeistern zu finden.

Seine Garderobe besteht aus bequemen Casuals. Alles Aufgesetzte und Hergerichtete ist ihm zutiefst zuwider, für seinen Lebensstil braucht er weder Legitimation noch Ausreden. Er weiß seine freie Zeit zu nutzen, Langeweile kommt bei ihm keine auf, da chillt er lieber. Und er hat kein Problem, dies auch zu genießen.

## Der perfekte Design-Schrank:

Wer einen solchen Schrank besitzt, ist nur damit beschäftigt, dass der Schrank perfekt zu den anderen Möbeln passt und dadurch optisch ganz neue Maßstäbe gesetzt werden.

Es geht um Schönheit und das Außergewöhnliche bei Funktionalität und hohem Standard. Der Design-Typ interessiert sich für Kunst und Innenarchitektur, man trifft ihn oft auf Vernissagen oder Ausstellungen. Er hält sich für weltläufig und ist immer gerne bereit, sein Wissen an andere weiterzugeben, ob diese es wollen oder nicht.

Seine Meinung ist geltendes Recht, da er durch hervorragende Sachkenntnis eigene Objektivität geltend macht.

## Der selbst gebastelte Schrank:

Der Bastler arbeitet mit Leidenschaft an seinem eigenen Möbel. In diesem Fall wird der Schrank selbst gemacht, das passiert aber nicht nur unter der Berücksichtigung der Zweckdienlichkeit, sondern mit besonderem Augenmerk auf selbst kreiertem Design. Hier wird nicht nur gehämmert und geschraubt, sondern auch gemalt und verziert. Die dabei entstandenen Kunstwerke sind meistens nicht nur sehr individuell und schmuck, sondern genau auf die Bedürfnisse des Besitzers ausgelegt.

Diesem kreativen und meist sehr weltoffenen Typ macht das Handwerken Spaß, und er fühlt sich völlig in seinem Element, wenn er den Ideen freien Lauf lassen kann.

## Der begehbare Schrank:

Der Besitzer dieses Schranks legt Wert auf Bequemlichkeit, Komfort, Ästhetik und Funktionalität. Er muss seinen Luxus nicht nach außen tragen, sondern kann ihn für sich genießen – nur wenige erhalten Zutritt in sein Reich. Er kann sich an den Annehmlichkeiten des Luxus erfreuen, ohne damit anzugeben. Protz und Prunk wird man bei ihm nicht finden. Er liebt jedoch die Haptik und die Qualität außergewöhnlicher Produkte. Ihn zeichnet die vornehme Zurückhaltung ebenso aus wie die empathische Haltung gegenüber weniger gut Situierten.

Man kann ihn als wertfrei und unkompliziert beschreiben, denn es ist ihm völlig egal, ob seine Freunde den gleichen Lebensstil führen wie er – seine Peergroup sucht er sich nicht nach Äußerlichkeiten aus. Er ist überaus großzügig, ohne dafür etwas zu erwarten.

## Der Blick in den Schrank

Wie sieht es mit dem Inhalt der Schränke aus? In dem Bereich gibt es so ziemlich alles: von absoluter Pedanterie bis hin zum selbst gewählten Chaos. In dem Punkt ist es aber wichtig zu erfahren, warum der ein oder andere Zustand herrscht. Ist es immer so, weil dahinter nun mal ein sehr ordentlicher oder unordentlicher Mensch steckt? Oder ist das Chaos im Schrank vielleicht stressbedingt, weil im Moment keine Zeit dafür ist aufzuräumen?

### Der chaotische Kleiderschrank:

Oft gehen die Türen seines Kleiderschranks schon nicht mehr zu, weil der Besitzer dieses Schranks alles, was er an Kleidung besitzt, einfach hineinstopft. Er hat selbst schon lange keinen Überblick mehr über seine Habseligkeiten. Diese Unordnung resultiert aus einer organisatorischen Überforderung, die auch andere Bereiche in seinem Leben betrifft.

Der Besitzer eines solchen Kleiderschranks legt durchaus Wert auf sein Äußeres, es ist ihm nur leider nicht möglich, Struktur in seinen Schrank zu bringen und zu wahren. Nicht selten sieht es nach der Suche nach einem bestimmten Teil in, vor und neben seinem Schrank aus wie auf einem Schlachtfeld.

Er ist nett und hilfsbereit, kann sich dabei aber schlecht abgrenzen und ist auch in seiner Tagesstruktur desorganisiert.

## Der strukturierte Kleiderschrank:

Wer einen solchen Schrank besitzt, dem geht es darum, für jeden Anlass das perfekte Styling griffbereit zu haben. Er ist facettenreich, kreativ, mutig und vielfältig. Er wird von seinen Freunden bewundert und von den Feinden beneidet.

Chamäleongleich kann er sich problemlos an jede sich ihm bietende Situation anpassen, ohne seine Authentizität dabei einzubüßen. Seine Extravaganz zeigt er durch einen besonderen, eigenen Stil. Trotz der Vielfalt ist sein Kleiderschrank strukturiert, aufgeräumt und übersichtlich.

## Der halb leere Kleiderschrank:

Ist ein Kleiderschrank halb leer, sind in der Regel nicht die finanziellen Möglichkeiten des Besitzers die Ursache. Dem Besitzer fällt es, durch seine klare Struktur, die sich in sämtlichen Lebensbereichen widerspiegelt, vielmehr leicht, Altes von Neuem zu trennen.

Er ist progressiv und zieht keinen Nutzen daraus, sich an Althergebrachtem festzuhalten. Das Loslassen erzeugt in ihm keine Wehmut und er vermisst auch keine Dinge, von denen er sich einmal getrennt hat. Dieses Muster zieht sich durch sämtliche Lebenslagen, ist ein Thema zu Ende, wird es abgelegt. Sowohl in Beziehungen als auch bei Freundschaften ist ein Schlussstrich endgültig und unwiderrufbar.

Was ihm oft als Härte ausgelegt wird, empfindet er als Klarheit und Notwendigkeit, mitunter auch als Selbstschutz. Er ist in der Lage, seine Emotionen durch kopfgesteuerte Entscheidungen zu beeinflussen.

## Der Schrank voller Museumsstücke:

Manche Menschen bewahren ihre Kleidung über Jahrzehnte auf, ob sie noch passt oder nicht. Und selbst dann gleicht der Akt einer Entsorgungsaktion beinahe körperlicher Folter.

Hierbei projizieren sie auf die Kleiderschätze Wünsche und Sehnsüchte, auf dass es wieder so werde, wie es einmal war. Nicht selten definiert sich dieser Mensch über Erlebnisse und Erinnerungen längst vergangener Tage. Er liebt es, sich mit Freunden von früher zu treffen, um sich alte Anekdoten zu erzählen. Hintergrund ist oft Angst – oder zumindest Skepsis – vor der Zukunft, da sein Sicherheitsbedürfnis das Neue scheut.

Andere bewahren auch auf – aber nicht das Alte und Gebrauchte, sondern das Neue. Sie sind der Meinung, dass man ja noch ein wenig warten könnte und die alten Sachen richtig auftragen müsse, bevor man sich mit den neu gekauften Trends belohnen darf. Sicherlich ist diese Einstellung doch eher bei der älteren Generation zu finden. Die aufgeschobene Bedürfnisbefriedigung erstreckt sich auch auf andere Bereiche. Entsprechend sind diese Menschen sportlich schlank und beruflich erfolgreich. Übrigens gibt die relative Seltenheit dieser Einstellung in jüngeren Bevölkerungsgruppen auch allgemein Aufschluss über das Wertesystem der heutigen Gesellschaft, das vor allem beim nächsten Schrank-Typ seine stärkste Ausprägung findet.

## Der topaktuell gefüllte Schrank:

Für einen jungen Menschen ist es in der Regel völlig normal, beinahe jeden Monat seinen Kleiderschrank mit neuen Kleidungsstücken zu befüllen. Genauso normal ist es in diesem Zusammenhang aber auch, Teile, die nicht mehr trendy sind, wegzuwerfen. Beides löst in der älteren Generation oft Erstaunen und Entsetzen aus.

Aber es ist für die jungen Menschen umgekehrt beinahe genauso schwer, sich in das Wertesystem der Älteren hineinzudenken. Sie haben keinen Krieg erlebt, in dem Kleidung oft Luxus war, vor allem wenn es sich um etwas Neues handelte.

Die Konsumenten kaufen in der Regel nur bei den großen Handelsmarken, die es sich leisten können, dass ein Kleidungsstück manchmal weniger kostet als ein Laib Brot. Also warum aufbewahren? Außerdem ist oftmals auch die Qualität der Kleider so minderwertig, dass sie tatsächlich nach kurzem Gebrauch oder spätestens nach der dritten Wäsche ein Fall für den Mülleimer sind.

Mit diesem Hintergrund fällt auch das Entsorgen oder Wegwerfen wesentlich einfacher. Und natürlich zeigt die Wegwerfgesellschaft damit noch etwas ganz anderes, das auch im Gegensatz zu den früheren Generationen steht: den Umgang mit Beziehungen. Genauso wie es in früheren Zeiten selbstverständlich war, an einer Beziehung zu arbeiten und daran festzuhalten, so wird sie heute manchmal wie ein ausgewaschenes Kleidungsstück weggeworfen. Das ist natürlich bei der Fülle an Angeboten sowohl in der Mode- als auch in der Beziehungswelt wesentlich einfacher als früher. Es gibt zu viele verlockende Angebote, die genauso schnell zu haben sind, wie man sie auch wieder entsorgen kann. Sei der Grund dafür nun die schlecht sitzende Naht der neuen Bluse oder eben das unerwünschte Verhalten des neuen Partners. Man schließt die Tür des Schranks, ohne dabei einen gesellschaftlichen Fauxpas zu begehen, und widmet sich den neuen, interessanten Dingen.

## Die leidige Bügelfrage

Und es lohnt sich, noch ein bisschen genauer hinzuschauen ...

### Der Bügler:

Es liegt der Schluss nahe, dass derjenige, der perfekt gebügelte Wäsche in seinem Schrank hat, auch zwangsläufig der ordentliche Typ sein muss. Blickt man allerdings etwas genauer hin und bedenkt die verschiedensten Lebenssituationen in unserer Zeit, müssen gebügelte Kleider nicht automatisch auf den fleißigen häuslichen Menschen hinweisen. Es kann auch sein, dass sich der oder diejenige ganz und gar einem zeitaufwendigen, aber einträglichen Job widmet und die Kleidung bügeln lässt. Zumindest kann man generell davon ausgehen, dass dieser Mensch die Ordnung bevorzugt, egal ob selbst gemacht oder mit Hilfe anderer.

Vorsicht ist geboten, wenn dieser Hang zur Ordnung zwanghafte Züge aufweist, sodass zum Beispiel nicht nur die Oberbekleidung gebügelt im Schrank hängt, sondern auch Socken und Unterwäsche diesem Prozedere unterzogen werden. Das kann unter Umständen so weit gehen, dass dieser Zeitgenosse auch in anderen Lebenssituationen absolute Kontrolle braucht und damit seinen Mitmenschen lebenswichtige Freiräume nimmt.

### Der Nichtbügler:
Seine gewaschenen Sachen wandern direkt nach dem Zusammenlegen in den Schrank, das obligatorische Bügeln erscheint ihm oft umsonst, da er es als Verschwendung ansieht, ein gebügeltes Hemd unter einem Pullover zu tragen. Er ist rational, unkonventionell und hält sich nicht mit unnötiger Arbeit auf. Für ihn sind Zeitmanagement und Effizienz wesentliche Schlagwörter, die seine Lebensart genau auf den Punkt bringen.

Übrigens: Ungebügelt im Schrank bedeutet für ihn nicht ungebügelt am Körper.

## Der Inhalt

Wir haben uns die Kleiderschränke und die Ordnung darin genau angesehen – aber damit sind wir noch lange nicht durch mit dem Thema Kleidung. Auch der vorrangige Modestil kann Aufschluss über die Persönlichkeit geben. Handelt es sich um jemanden, der immer mit dem neuesten Trend geht, oder doch um den Liebhaber kultiger Sakkos aus den 90er-Jahren?

### Der trendige Kleidungsstil:
Wer diesen Stil pflegt, ist immer auf dem neuesten Stand, was die derzeitige Mode betrifft. Er tauscht seine Garderobe im saisonalen Wechsel aus und es gibt wenige Stücke, die die Dreijahresgrenze überdauern. Er orientiert sich kritiklos an der aktuellen Mode und ist bereit, regelmäßig Geld in sein Äußeres zu investieren. Dabei reagiert er arrogant auf Andersdenkende. Der internationale Geschmack ist verbindlich für ihn. Dieses Phänomen wurzelt höchstwahrscheinlich

in einer selbstunsicheren Persönlichkeit, die sich über ihren Kleidungsstil definiert. Daraus kann eine Intoleranz gegenüber anderen weniger interessierten Menschen resultieren.

Ein solcher Mensch genießt und braucht die Anerkennung und das Lob anderer. Er ist sozusagen abhängig von der Meinung von außen. Die kleinste Kritik an seiner Person kann ihn aus der Bahn werfen, da er nicht differenzieren kann, ob es eine Kritik an seinem Stil oder seiner Person ist. Er ist geneigt, alle Kommentare sehr persönlich zu nehmen, und kann sich auch unwichtigen Wertungen gegenüber nicht abgrenzen.

## Der klassische Stil:

Der Anhänger dieses Stils investiert gerne in hochwertige und langlebige Kleidung und zeigt eine hohe Markentreue. Er schätzt Beständigkeit und Tradition und pflegt seine Kleidung nachhaltig, sodass es in Kombination mit der guten Qualität zu einer langfristigen Symbiose zwischen Träger und Stoff kommt. Gleichzeitig wirkt er nie altbacken, sondern zeitlos.

Man kann davon ausgehen, dass man es hier mit einem wenig flexiblen Zeitgenossen zu tun hat. Er möchte in seinem täglichen Trott nicht gestört werden. Routine und Rituale sind für ihn wichtig. Sollte jemand versuchen, dieses Verhalten zu beeinflussen, kann der Anhänger des klassischen Stils ungehalten bis cholerisch, mitunter sogar handgreiflich reagieren.

## Der uninteressierte Kleidungsstil:

Der Anhänger dieses Kleidungsstils liebt den immer gleichen Pullover zu der passenden Hose, die sich schon perfekt seiner Körperform angepasst hat. Sein Credo lautet: Bequemlichkeit. Es ist ihm nicht wichtig, mit seinem Äußeren ein Statement zu setzen. Auch aus diesem Grund bevorzugt er eher die gedeckten Farben, denn auffallen ist nicht sein Ziel.

Wie auch in anderen Lebensbereichen zählt für ihn eher die Funktion als das Aussehen. Man trifft ihn gerne auf Flohmärkten oder bei Fabrikverkäufen auf der Suche nach Günstigem oder gut Erhaltenem. Für ihn ist das nachgemachte Produkt genauso gut wie das Original.

Im Privatleben ist er genauso bequem, sollte sich in seinem Leben eine Beziehung ergeben, wird er diese genauso wie seinen Kleidungsstil führen. Originalität sucht man bei ihm ebenso vergeblich wie Spontanität oder das Besondere.

## Der Retro-Look:

Im Schrank der Retro-Look-Liebhaber finden sich bewusst Schmuckstücke, die andere Leute schon lange abgelegt haben. Wichtig ist hier die Abgrenzung vom Schrank voller Museumsstücke – denn hier geht es nicht ums Loslassen-Können, sondern um eine ganz spezielle Lebensart.

Ihre Attitüde zeigen diese Menschen mit Schlaghosen und Häkelkleidern aus vergangenen Tagen, genauso wie mit Handgemachtem. Sie grenzen sich bewusst vom Modezirkus ab und versuchen damit, einen eigenen Stil zu leben. In ihrem Alltag setzen sie sich für Nachhaltigkeit und Ökologie ein. Den Gebrauch von Deodorants meiden sie ebenso wie den regelmäßigen Friseurbesuch.

# Mein kleiner grüner Kaktus

## Was Balkon und Garten über die Blüten der Seele enthüllen …

Wie plastisch sich die eigene Persönlichkeit in der Gestaltung des Gartens beziehungsweise des Balkons darstellen lässt, ist offenkundig. Das Repertoire der zur Schau gestellten Außenbereiche reicht von der perfekten Vorgartenidylle bis hin zum Balkon, der im Grunde nur als Abstellkammer Verwendung findet.

Dabei ist es eigentlich egal, wie groß das jeweilige Fleckchen ist. Denn die Persönlichkeit, die sich in der Gestaltung entfalten kann, benötigt keine weitläufige Fläche. Der Garten oder der Balkon ist einer der Wohnbereiche, die, wenn gewünscht, mit das meiste Potenzial besitzen, der eigenen

Kreativität und den individuellen Wünschen freien Lauf zu lassen – und damit auch der eigenen Persönlichkeit Ausdruck zu geben.

## Der verborgene Garten:

Sein Besitzer ist eine zurückgezogene Natur. Er verwendet viel Energie darauf, sein grünes Wohnzimmer vor fremden Blicken abzuschotten. Er pflanzt Hecken, zieht Palisadenzäune und alle Register, um seinen Balkon oder seinen Garten neugierigen Blicken zu entziehen.

Der Liebhaber des verborgenen Gartens hat ein erhöhtes Sicherheitsbedürfnis und ist anderen gegenüber misstrauisch und argwöhnisch. Dabei braucht er lange, bis er Vertrauen gefasst hat und andere in sein Reich lässt. Penibel achtet er auf seinen eigenen Seelenfrieden, ist wenig belastbar und kann äußerst mürrisch reagieren, sollte seine Ruhe gestört werden.

## Der verwilderte Garten:

Es gibt Gärten, die aussehen, als hätte ihr Besitzer schon vor Jahren aufgegeben, sich Gedanken um die Verschönerung zu machen. Dabei kann man, wenn man genau hinsieht, meist erkennen, dass es sich um ein sehr wohl und mit großer Sorgfalt geplantes Chaos handelt. Hier hat alles seinen Platz und seinen Sinn. Das kann man am Ende auch an der Artenvielfalt der Insekten erkennen, die sich in solchen Minibiotopen tummeln. Dieser Mensch ist ein sehr naturverbundener Typ, der sich inmitten seiner kleinen Oase sehr wohlfühlt und Platz zur Erholung findet.

Der Besitzer eines solchen Gartens zeichnet sich aus durch Toleranz und Respekt für andere Lebewesen. Mit ihm fühlt man sich schnell wohl.

## Der Anti-Garten:

Hinter diesem Garten verbirgt sich ein Mensch, der für sich entschieden hat, dass er mit dem Thema Garten oder Balkon nichts zu tun haben will. Hier bekommt man in der Regel einen Balkon zu sehen, der zum Abstellraum umfunktioniert wurde. Im Garten findet man im Extremfall gar keinen Rasen mehr vor, weil die Fläche kurzerhand zubetoniert wurde. Entgegen der Erwartung verbirgt sich hier häufig ein sehr zurückgezogener und sensibler Charakter. Meistens sind das natürlich diejenigen, die nach außen immer beschäftigt wirken und Stärke zeigen. Wenn man aber genau hinsieht, ist das die Maske, hinter der sich ein ganz anderer Charakter verbirgt. Diese Menschen reden sich oft ein, dass sie ja keine Zeit hätten, sich mit der Begrünung ihres Gartens oder des Balkons zu beschäftigen. Dahinter kann aber auch die Angst davor stecken, sich auf etwas zeitaufreibendes Neues einzulassen und vielleicht daran zu scheitern.

Obwohl eine Liebe zur Natur vorhanden ist, birgt jeder Neuanfang doch auch immer eine Gefahr des Scheiterns, weshalb sich dieser Garten-Besitzer vor der Umsetzung dieses Projektes scheut. Denn sollte es nicht nach seinen Wünschen umsetzbar sein, erschüttert Kritik sein wackeliges Selbstverständnis.

## Die Wellness-Oase:

Andere betrachten den Außenbereich ihrer Wohnung als perfekten Ort, um die in mehrfachen Kursen autogenen Trainings oder Yoga erlernte Lebensart in die Realität umzusetzen. Der Umgang mit der Natur wird als heilend erachtet und als eine Möglichkeit, zu den Wurzeln zurückzukehren – im wahrsten Sinne des Wortes. Diese Sorte Mensch findet Entspannung, wenn sie mit den eigenen Händen ein Stück

Leben erschaffen kann, das dem natürlichen Verlauf der Jahreszeiten unterliegt. In verschiedensten Ratgebern wird nachgeforscht, ob die Ausrichtung der Pflanzen und die Anordnung der Möbel zudem den grundlegenden Feng-Shui-Prinzipien entsprechen. Auffallend ist bei diesem Typ oft, dass der Wunsch nach Entspannung und danach, die eigene Mitte zu finden, zwar im Garten gestalterisch perfekt umgesetzt werden kann, oft aber nicht im eigenen Leben. Hier wird eine Suche nach Ruhe und Glückseligkeit zum Ausdruck gebracht, die im echten Leben oft so schwer zu erreichen ist.

## Der pedantische Garten:

Der auf den Millimeter getrimmte Vorgarten, in dem nichts dem Zufall überlassen wurde, ist das Werk eines kundigen Gärtners. Natürlich hat man es hier eher mit einer Planernatur zu tun, die sich ihr Wissen in der Regel selbst angeeignet, Fachzeitschriften gewälzt und Fachleute befragt hat. Für den einen entwickelt sich so ein entspannendes Hobby im Freien, für den anderen öffnet sich der Weg zu einer Passion, die ein Leben dauern kann. Auf diese Weise entstehen Gärten und Balkone in so einzigartigen Formen und Vielfalten, wie es Individuen gibt.

Viele Menschen, die solch ein Werk ihr Eigen nennen, haben sich oft wochen- und monatelang mit der Auswahl der passenden Bepflanzung beschäftigt und betrachten stolz das Ergebnis ihrer zeitaufreibenden und schweißtreibenden Arbeit.

Mit diesem selbst angeeigneten Wissen denkt der Besitzer eines pedantischen Gartens, die botanischen Gesetzmäßigkeiten begriffen zu haben, dabei versteht er oft die Bedürfnisse der Flora und Fauna nicht, sondern versucht, sie seinen Bedürfnissen zu unterwerfen – eine Eigenschaft, die auch seine Mitmenschen immer wieder am eigenen Leib erleben.

## Der japanische Garten:

Er ist eine Sonderform des pedantischen Gartens. Beim japanischen Garten geht es um Können, Disziplin und viel Zeit, die mitgebracht werden muss, um den japanischen Vorbildern nahekommen zu können. Denn bei dieser Art der Gestaltung kommt es nicht nur auf die richtige Bepflanzung an, sondern es geht auch um das gekonnte Zurschaustellen einer Kultur und Lebensphilosophie. Es braucht also schon Experten, um alles zu berücksichtigen. Dazu kommt noch die spezielle Pflege der Zierpflanzen. Denn wer schon einmal nur mit einem Bonsai-Bäumchen zu tun hatte, der kann ungefähr nachvollziehen, was für ein Aufwand und für ein Wissen notwendig sind, damit eine echte japanische Gartenkultur entstehen kann. Das ganze Arrangement ist dann ein ausgeklügeltes und abwechslungsreiches Bild, bei dem jeder Stein und jede Pflanze einen genauen Platz hat.

Es braucht, wie gesagt, viel Zeit und Ausdauer, um annähernd an die japanischen Vorbilder heranzukommen. Aber vor allem sind Disziplin und Kontrolle notwendig. Genau das ist es auch, was diese Gärten an Persönlichkeit widerspiegeln. Es muss sich um einen Menschen handeln, der sich gerne und detailliert mit einer Kultur auseinandersetzt und dabei die Motivation hat, sich jeden Tag um sein Werk zu kümmern. Akribie und Kontrolle sind hier beinahe unablässig, außer es handelt sich um eine Nachempfindung der japanischen Gartenkunst, bei der es rein um den Schein geht.

## Der Mottogarten:

Neben dem japanischen Garten gibt es noch eine Vielzahl anderer Möglichkeiten, seinen Garten oder seinen Balkon nach einem strengen Regelwerk, nach einer konkreten Vorstellung auszurichten und zu gestalten.

Menschen, die sich zum Beispiel für den echten Nachbau eines, man kann fast sagen, Kunstwerks entscheiden, sind meist eher introvertiert und finden ihre Freude im stillen Studium der weiterbildenden Lektüre und in der stundenlangen akribischen Arbeit. Diese wird jedoch nicht als solche empfunden, sondern man findet Ruhe und Entspannung und manchmal auch ein bisschen sich selbst. Das vollendete Werk darf dann meistens von auserwählten Freunden bestaunt werden und man ist auch immer gerne für eine kleine theoretische Einführung zum Thema zu haben.

Detailverliebt kann er sich einzelne Lebensausschnitte herausnehmen und sie ganz genau betrachten und analysieren. Er ist kein Überblicker des großen Ganzen, sondern eher der Freund des Details.

Man findet ihn in hoch spezialisierten Berufen wie im Ingenieurwesen oder wissenschaftlich forschenden Bereichen.

## Der Märchengarten:

Er ist eine Sonderform des Mottogartens. Der Besitzer eines solchen Gartens findet seine absolute Ruhe und Freude darin, in seinem Garten eine Märchenwelt zu erschaffen. Es wird gebastelt, geplant und entworfen, bis am Ende eine Modelleisenbahn durch eine maßstabsgetreue Nachbildung der eigenen Heimat fahren kann. Und vielleicht ist es dann auch der Gartenzwerg, der das Bild für den Erschaffer dieser Welt erst komplett macht.

Gerade der Typ, der in dieser Welt seinen Frieden findet, wird oft belächelt. Doch was die Analyse des Charakters betrifft, der hinter dieser Fassade stecken kann, kommt ein durchaus liebenswertes und interessantes Persönlichkeitsprofil zum Vorschein. Denn dieser Mensch kann träumen und verfügt über eine große Vorstellungskraft, die er nicht zuletzt durch handwerkliches Talent und Liebe zum Detail umsetzen kann. Es handelt sich sozusagen um den bodenständigen Träumer, der sich zwar gerne in seine eigene Welt zurückzieht, aber aufblüht, sobald jemand seine Leidenschaft versteht oder gar mit ihm teilt.

## Schrebergarten:

Eine ganz eigene Gruppe ist die der Kleingartenvereine. Hier treffen sich Menschen mit den gleichen Vorlieben und dem Wunsch, ein eigenes kleines Grundstück zu besitzen, das man nach Lust und Laune gestalten kann. Es ist eine eigene Welt mit eigenen Regeln, die sich dem normalen Garten- oder Balkon-Besitzer manchmal nicht eröffnen mag.

Zu Beginn ihrer Geschichte sollten die Kleingärten den Bewohnern der Stadt den Aufenthalt in einem eigenen Garten und den Eigenanbau von Obst und Gemüse ermöglichen. Mittlerweile ist es für die Besitzer eher ein Ort der Erholung und des Rückzuges aus dem städtischen Trubel. Deshalb findet man auch immer mehr Grünflächen und Zierpflanzen in den angemieteten Grundstücken statt Beete mit heimischen Obst- und Gemüsesorten.

Den **klassischen Schrebergärtlern** ist Mitgliedschaft und Mitwirkung in Vereinen außerordentlich wichtig. Sie messen dieser Betätigung einen übertriebenen Wert bei und ordnen sich freiwillig einer willkürlichen Satzung unter. Auf diese Art und Weise entsteht eine hierarchische Gruppenstruktur auf dem Boden typisch deutscher Werte. Sie schrecken nicht vor gegenseitiger Denunzierung zurück und haben stets ein wachsames Auge auf ihren Nachbarn.

Interessant ist aber auch, dass sich langsam, aber sicher ein Wandel vollzieht. Dem klassischen Schrebergärtler stehen die sogenannten **Urban Villager** entgegen. Immer mehr junge Familien drängen in die Schrebergärten auf der Suche nach Ruhe und Entspannung im Grünen.

Für die Urban Villager steht das kleine Refugium nicht länger stellvertretend für spießige Biederkeit, sondern für eine moderne und hippe Möglichkeit, Gemeinschaft zu leben.

Denn hier ist sowohl für Kinder als auch für Erwachsene ein großer Vorteil in der Freizeitgestaltung zu finden. Die Erwachsenen können gemeinsam mit der Familie entspannen und die Natur genießen, während die Kinder eine wertvolle pädagogische Erfahrung machen können. Da gibt es die Zeit mit der Familie, aber auch das freie und unbeschwerte Spielen mit anderen, ohne Autos und Straßenlärm. Und nicht zuletzt können Kinder hier, indem sie helfen, das Grundstück in Schuss zu halten, einiges über die Natur und ihre Gesetzmäßigkeiten erfahren. Ganz zu schweigen vom Umgang mit Verantwortung und Ausdauer.

In Deutschland gibt es mehr als eine Million Schrebergärten, die Wert darauf legen, Themen wie ökologisches und nachhaltiges Verhalten auch an die jüngeren Generationen weiterzugeben. Deshalb kann man nicht mehr einfach auf die Vorurteile vergangener Zeiten zurückgreifen, sondern sollte auch den Wert und Nutzen dieser Vereine sehen. Es sind also mittlerweile auch die teamfähigen, am Allgemeinwohl und der Erhaltung der Natur interessierten Menschen, die ein Grundstück im Kleingartenverein ihr Eigen nennen.

## Was Socken über den Charakter verraten können …

Zugegeben, es hört sich merkwürdig an, einen Menschen nach der Wahl seiner Socken zu beurteilen. Aber wenn man sich näher mit dem Thema beschäftigt, wird deutlich, wie viel ein Paar Socken über seinen Träger aussagen kann.

Natürlich hat sich auch in der Welt der Sockenträger manch ein Horizont in den letzten Jahrzehnten erweitert. Trotzdem ist der Durchschnitt leider immer noch an den klischeehaften Standards zu messen.

Die Zuwendung zu den Füßen und damit auch die Aufmerksamkeit für die Socken ist eine Zuwendung zu den versteckten Bereichen der eigenen Persönlichkeit. Vielleicht sieht man auch aus diesem Grund so selten bunte Socken – wer möchte schon auf etwas aufmerksam machen, was ganz von selbst im Verborgenen steckt?

## Die Gewohnheitssocke:

Der Träger der Gewohnheitssocke entscheidet sich grundsätzlich und seit Jahren für die eine Markensocke, die dann aber auch bis zum bitteren Ende aufgetragen wird. Solange noch keine Löcher in der Socke sind und nur die Haut an manchen Stellen durch das dünne Gewebe schimmert, wird sie weiterhin benutzt.

Der Träger dieser Socken stammt meist aus gutbürgerlichem Haus und kümmert sich selbst wenig um sein Beinkleid, wichtig ist ihm nur, dass es stets vorhanden ist. Er ist wertkonservativ und statusorientiert, pflegt lange und dauerhafte Beziehungen. Große Spontanität sollte man von ihm eher nicht erwarten. Dafür kann man sich aber auch fast immer auf ihn verlassen.

## Die Schnäppchen-Socke:

Ein anderer kann bei so viel Markentreue nur schmunzeln und verweist auf die generelle Unwichtigkeit des Fußkleides: der Fan der Schnäppchen-Socke. Ihm kommt nur der günstige Fünferpack in gedeckten Farben in die Einkaufstüte. Er legt Wert auf ein ordentliches Erscheinungsbild, ohne dass er der Socke besondere Bedeutung beimisst. Seine Socke muss zweckmäßig, günstig und unspektakulär sein.

Das Wichtigste für ihn ist, dass er beim Sockenzusammenstecken alle jemals gekauften Big Packs wahllos miteinander kombinieren kann, ohne dabei auf Alter, Herkunft oder Qualitätszustand achten zu müssen. Er ist generell leidenschaftslos, bevorzugt Pauschalurlaube und ist im mittleren Arbeitermilieu anzutreffen. Haptik und Machart der Socke sind für ihn zweitrangig.

## Die trendy Socke:

Der Sockentrendsetter kombiniert alle Farben passend zu seiner Garderobe und legt Wert auf modische Akzente. Dies unterstreicht er, indem er oft knallbunte Socken zum eher konservativen Outfit kombiniert.

Er ist mutig, aufgeschlossen, verspielt und ehrlich. Durch seine aufgeschlossene Art und die Fähigkeit, auf andere zuzugehen, ist er immer ein gern gesehener Gast bei Veranstaltungen.

Sein gutes Gespür für Mode und Trends erlaubt es ihm, diese Extravaganz immer passend auf das restliche Outfit abzustimmen. Er wirkt somit niemals lächerlich, sondern wie ein Vorreiter der Kunst.

## Die Öko-Socke:

Ihr Träger ist darauf bedacht, dass die Socken aus reinen Naturfasern hergestellt wurden, und scheut deshalb keine Mühe, auch wenn die begehrte Ware nur auf speziellen Märkten zu ergattern ist. Im Zweifel wird sogar selbst gestrickt. Wesentlich ist, dass das Rohmaterial aus nachhaltiger und fair bezahlter Produktion stammt.

Diesen Anspruch verfolgt der ökologische Sockenträger in sämtlichen Bereichen seines Lebens. Er ist ideeller Individualist, der sich immer politisch korrekt verhält und dabei auch manchmal ein wenig steif wirkt. Seinen Hang zu Esoterik kultiviert er mit homöopathischen Globuli. Er lebt seinen Alltag nach den Mondphasen und wäscht seine Haare mit selbst gemachtem Shampoo aus Bier und Eigelb.

Fußschweiß kennt er nicht, weil er selten mit geschlossenem Schuhwerk unterwegs ist.

## Die Tennissocke:

Ein anderer Socken-Typ hatte eigentlich schon Kultstatus erreicht, ist aber mittlerweile beinahe ganz ausgestorben. Der Tennissocken-Träger. Äußerst beliebt in den 80er- und 90er-Jahren und allein deshalb erwähnenswert. Damals wurden die weißen Sportsocken zu allen nur denkbaren, möglichen und unmöglichen Kombinationen getragen. Wichtig war dabei, dass die Socken zu sehen waren. Es gab also eine kurze Epoche der Mode, in der die Socke in den Vordergrund gerückt war und zum Statement wurde. Sie wurde zum Stilmittel derer, die ihre Sportlichkeit und ihr Gefühl für Mode zeigen wollten. Auch wenn die Sportlichkeit teilweise nur in ihren Köpfen stattfindet, zeigen die Träger der Tennissocke damit trotzdem ihre Affinität zum Sport.

Oft sieht man passend zur Tennissocke am Gaspedal weitere passende Accessoires wie zum Beispiel den Spoiler am Heck des Fahrzeugs.

In ihrer Freizeit tragen die Tennissocken-Anhänger gerne das bequeme Feinrippshirt und lieben es, mit Bier und Würsteln ihre Sommerabende zu verbringen.

Der Liebhaber der Tennissocke ist beruflich wenig ambitioniert, sondern eher freizeitorientiert, dabei legt er Wert auf eine ausgeprägte Befriedigung seines Belohnungssystems, ohne besonders auf seinen Körper zu achten. Er ist ehrlich, geradeheraus und man kann sich auf ihn verlassen.

In privaten Beziehungen ist er eher spießig, er schätzt das ruhige und organisierte Alltagsleben und freut sich am Wochenende auf den geselligen Ausklang der Woche in seinem Fußballclub.

Sonderform der Tennissocke sind die *Füßlinge*. Sie werden eher in der Freizeit getragen oder wenn die Kleiderordnung in der Arbeitsstelle nicht so streng genommen werden muss. Manchmal ist also die Entscheidung nicht nur persönlich motiviert, sondern von außen vorgegeben. Denn Funktionalität entscheidet hier. Gerade weil der Träger der Füßlinge häufig im Beruf konventionelle Kleidung tragen muss, unterstreicht er seinen Freizeitanspruch mit der sportlichen Socke.

Er versucht, durch perfektes Equipment sein sportliches Unvermögen zu überspielen, und ist meist mehr am Drumherum als an der Sache selbst interessiert. Dabei versucht er, sein Umfeld durch erkaufte Professionalität zu beeindrucken.

## Die Seidenstrumpfhose:

Die Seidenstrumpfhose ist ein sehr feminines Bekleidungsstück, das sich großer Beliebtheit bei Frauen erfreut, die gerne ihre Weiblichkeit betonen und gekonnt einsetzen.

Diese Trägerinnen kombinieren Pragmatismus mit Eleganz und stehen im Alltag ihre »Frau«. Wenn sie können, vereinen sie praktisches Handeln mit feinfühligem Denken. Sie sind auf alle Eventualitäten vorbereitet, deshalb haben sie auch immer eine Ersatzstrumpfhose dabei.

Die Trägerin der Seidenstrumpfhose ist sich ihrer Weiblichkeit bewusst und fühlt sich wohl in ihrer Rolle als Frau.

### Die Schummlerin

Sie trägt Seidenkniestrümpfe und verbindet so Pragmatismus mit Ästhetik. Ihr ist ihr Äußeres wichtig, gleichzeitig weiß sie, dass ihr biederer Auftritt vermutlich nie dazu führen wird, ihr Geheimnis der allzu bald endenden Socke zu lüften.

Sie ist anpassungsfähig, freundlich, konservativ und liebenswert. Deshalb erfreut sie sich großer Beliebtheit in ihrem Freundeskreis, ihre erotische Ausstrahlung steht für sie hinter ihrer Außenwirkung. Das Gleiche gilt für die Strumpfhosenträgerin.

### Die Laszive

Sie trägt halterlose Strümpfe oder Strapse. Diese Frau will mit ihren Reizen betören. Ihr ist die Wirkung der Strümpfe bewusst und sie gehört zu den femininen, selbstbewussten und risikobereiten Frauen, die ihre Waffen einsetzen, anstatt sie gegen sich zu verwenden. Sie achtet auf sich selbst, pflegt sich und weiß genau, was sie will.

Zuweilen versteckt sich hinter der lasziven Fassade aber doch ein Mauerblümchen, das den Wünschen und Gedanken der Männer eine Plattform bieten will.

## Die Socke in Sandalen:

Die Vorliebe der deutschen Bevölkerung für Socken in Sandalen hat sich bis jetzt wacker gehalten. Denn obwohl die Sandale selbst den Wechsel von der Ledersandale hin zum Trekkingschuh mit Klettverschluss durchgemacht hat, blieb die Socke, meist handelt es sich um die Öko-Socke, in ihrer bewährten Form darin erhalten. Hier sind es ausschließlich die praktischen Aspekte, die im Vordergrund stehen. Und so sieht meistens auch die Persönlichkeit dahinter aus: Der Sandalen-Socken-Träger plant genau und weiß, was auf ihn zukommt. Er wählt immer die funktionelle Lösung. Er möchte nicht die Erfahrung von unerwünschten Blasen an den Fersen machen, wenn er sich auf eine Wanderung begibt. Und er weiß eben ganz genau, wie er so etwas verhindern kann. Seine Risikobereitschaft hält sich sehr in

Grenzen und es ist ihm wesentlich lieber, wenn er die Möglichkeit hat zu planen.

Sein grenzenloses Selbstbewusstsein verhindert, dass er niederträchtige Aussagen und abfällige Blicke zufällig Anwesender überhaupt wahrnimmt.

## Keine Socken:

Und derjenige, der grundsätzlich keine Socken trägt? Zumindest hat er generell kein Problem mit der Auswahl des Fußwärmers. Für diesen Typ ist sockenlos gleich stilvoll. Das heißt, dass dieser Mensch sehr viel Wert auf sein Äußeres und sein damit verbundenes Erscheinungsbild legt. Ihm ist bewusst, dass der Blick anderer eben doch öfter als gedacht in Richtung Schuh- und damit auch Sockenwerk gleitet. Er stellt mit der Nacktheit der Füße zugleich die Behauptung auf, dass er sich auch mit Themen unter der Oberfläche auseinandersetzen kann und will.

Man findet ihn oft in geselligen Runden, die ihm mit seinem Unterhaltertalent und dem freien Geist eine Bühne bieten. Er ist extrovertiert und findet seine Beinkleidnachlässigkeit äußerst progressiv.

## Die Socke mit Löchern:

Egal um welche Art Socke oder Strumpf es sich handelt – Löcher in den Socken sagen vor allem eines über den Träger aus: dass er keinen gesteigerten Wert auf den Zustand dessen legt, was nicht sichtbar ist. Dafür kommen aber mehrere Motivationen in Frage, zum Beispiel ein Mangel an Zeit oder aber an Geld. Oder weil es den Träger löchriger Socken tatsächlich einfach absolut nicht interessiert.

Dabei handelt es sich oft um Personen, die durch ihren Alltag hetzen. Es bleibt keine oder wenn dann nur wenig

Zeit, sich mit den Dingen hinter der Fassade zu beschäftigen. So ähnlich verhält es sich aber auch mit ihrem Innenleben – sie sind oft schwer greifbar und lassen andere nicht hinter ihre Kulisse blicken. Das fällt aber erst spät auf, denn dieser Mensch ist ständig in Aktion und macht auf den ersten Blick nicht den Eindruck eines Eigenbrötlers.

## Übrigens: die Aufbewahrung der Socken

Bevor es gleich mit dem nächsten Thema weitergeht, werfen wir noch schnell einen Blick auf die Aufbewahrung der Socken, denn diese kann mindestens so viel über ihre Träger verraten wie Löcher in den Socken.

Gibt es dafür einen eigenen Bereich, oder werden sie einfach in irgendeine Schublade geworfen – meist mit dem Ergebnis, dass beinahe nie ein zusammenpassendes Paar zu finden ist? Oder werden die einzelnen Paare nach Farben sortiert und nebeneinander aufbewahrt, sodass jedes gut zu erkennen ist?

Die meisten Menschen haben ein ähnliches Verhältnis zu ihren Socken wie zu den Füßen. Die Füße sind immer noch die Körperteile, denen viele Menschen sehr wenig Beachtung zukommen lassen. Man verlässt sich darauf, dass sie einfach funktionieren, und fängt oft erst dann an, sich intensiver mit ihnen zu beschäftigen, wenn man Probleme zum Beispiel in Form von Schmerzen bekommt. Die Füße und mit ihnen die Socken sind zumindest in unseren Breitengraden fast das ganze Jahr in Schuhen versteckt. Es besteht also kein zwingender Anlass, sich mehr als unbedingt nötig damit auseinanderzusetzen. Dabei handelt es sich um das Fundament, auf dem wir stehen und gehen.

Meist handelt es sich bei den Menschen, die ihre Socken separat und geordnet aufbewahren, um die Pragmatiker, die keine Zeit auf langes Suchen im Schrank verschwenden möchten und lösungsorientiert denken.

Der unordentliche Typ glaubt, sich durch das Chaos der nicht zusammengesteckten Socken genauso Zeit zu sparen – denn immerhin muss er die Socken nach dem Waschen nicht mühsam sortieren. Im Notfall zieht er auch andersfarbige Socken gleichzeitig an oder er beginnt, nur noch gleichartige und gleichfarbige Socken zu kaufen. Durch diese auch in anderen Bereichen seines Lebens geltende Vermeidungshaltung steht sich der unordentliche Typ oft selbst im Weg – sieht aber keine Veranlassung, sein Verhalten zu ändern.

# Ruf mich an - ruf mich auf meinem Handy an!

## Was das Handy über den Charakter ausplaudert …

Heutzutage sind Prestigeobjekte zumindest in den westlichen Industrieländern aus dem Alltag nicht wegzudenken. Dabei handelt sich bei genauerem Betrachten meist um ganz alltägliche Gegenstände, die erst mit der Zeit so aussagekräftig wurden, dass man heute einen kompletten Lebensstil daraus ablesen kann. Das Handy ist hierfür ein typisches Beispiel.

Grundsätzlich wurden Handys dafür entwickelt, dem modernen Menschen das Leben leichter zu machen, und waren eine Revolution der Technik. Zu Beginn, als es nur wenige Prototypen gab, war es ein unglaubliches Privileg, wenn man einen davon erwerben konnte. Da die Produktion aber immer mehr anstieg, kam die Zeit, in der es beinahe jedem möglich war, ein Handy zu erwerben. Dabei ging die Entwicklung noch weiter: Es gehört heute zur Grundausstattung des Bewohners der westlichen Welt, ein Smartphone zu besitzen. Im Gegenteil ist es sogar meist so, dass ein Leben ohne Smartphone für die meisten gar nicht mehr vorstellbar ist.

Beim Smartphone gehört es inzwischen zum guten Ton, ein Markengerät mit allen verfügbaren Funktionen zur Verfügung zu haben. Aber gehen wir kurz noch einmal einen Schritt zurück: Was für ein Mensch ist das, der sich stattdessen für ein normales Mobiltelefon ohne Internet und sonstigen Schnickschnack entscheidet?

## Der Mobiltelefon-Typ:

Er will mit seinem Gerät im Grunde nur telefonieren. Eigentlich ist ihm die permanente Erreichbarkeit lästig, aber die Erfahrung zeigt ihm, dass das Handy ein notwendiges Übel der heutigen Zeit ist und ihm in manchen Situationen schon hilfreich war. Er benutzt alte, ausgemusterte Telefone seiner Freunde und freut sich dabei über die Überlegenheit seines Akkus.

Er liebt es, autark zu sein, und ist deshalb auch nicht grundsätzlich erreichbar, die Basisfunktionen genügen ihm, da er sich dem Multimediazeitalter noch nicht geöffnet hat. Er ruht in sich und kann den Internettrubel gut und bewusst ausblenden. Man trifft ihn oft auf Bergtouren und generell in der freien Natur, wo er seinen Hobbys am liebsten nachgeht.

## Der Smartphone-Besitzer:

Er wird dagegen nicht müde zu behaupten, dass sein Telefon eine Halbwertzeit hat und er deswegen spätestens alle zwei Jahre ein neues Gerät braucht. Er definiert sich über den neuesten Typ des Geräts und demonstriert damit seine Wichtigkeit sowie seine ständige Verfügbarkeit via Telefon, Mail und soziale Netzwerke. Er ist immer informiert und zückt nahezu zwanghaft in Gesprächspausen in Bus und Bahn oder auf der Toilette sein Smartphone, um sich auf den neuesten Stand zu bringen.

Der Smartphone-Besitzer teilt sich generell in zwei große Lager: den Apfel-Typ und den Beeren-Typ.

### Der Apfel-Typ

Der Apfel-Typ steht für den kreativen, vermeintlich individuellen Normalo. Oft nutzt er nicht alle Funktionen des Handys, was für ihn keine große Rolle spielt – er trifft seine Wahl aufgrund der Firmenphilosophie und des bahnbrechenden Designs. Er hechelt jeder Neuerung, die es diesbezüglich auf dem Markt gibt, hinterher. Für ihn stellt diese Marke einen ganz bestimmten Lifestyle dar, und er betrachtet mitleidig diejenigen mit dem Vorgängermodell oder gar Produkten anderer Marken.

Er fühlt sich durch die Affinität zu diesem Produkt individuell, modern und kreativ und grenzt sich durch den Chic dieser Produkte von dem technikaffinen Nerd ab.

Schnelllebigen Lifestyle praktiziert er auch in anderen Lebensbereichen. Klassische Familienstrukturen oder lebenslange Berufe sind ihm fremd.

Interessant ist in diesem Kontext, wie sich die Apfel-Typen selbst sehen. Studien haben ergeben, dass Apfel-Nutzer sich für sexy und intelligent halten. Generell ist ihr Selbstwertgefühl sehr hoch.

## Der Beeren-Typ

Er ist wesentlich technikaffiner und kennt sich mit den Funktionen seines Handys aus, weil er sie auch täglich nutzt. Er benötigt sein Telefon tatsächlich beruflich und kümmert sich wenig um Zeiträuber wie soziale Netzwerke und kleine Spiele. Für ihn sind effektive Handhabung und Batterielaufzeit wichtiger als das äußere Erscheinungsbild seines Gerätes. Ihm ist die Dauerverfügbarkeit eher eine notwendige Pflicht als eine lustvolle Möglichkeit. Das Handy ist für ihn ein Arbeitsgerät, das er im Zweifel sogar nachts im Stand-by-Modus neben sein Bett legt.

Dieser fleißige Zeitgenosse kann mitunter auf andere eher kühl wirken. Tatsächlich ist die Arbeit sein Lebensmittelpunkt, und Freunde, Familie oder Hobbys müssen sich drumherum gesellen. Er ist immer zur Stelle, wenn jemand seine Hilfe benötigt, leider ist handwerkliches Geschick nur rudimentär vorhanden.

## Das restliche smarte Potpourri:

Auf dem Smartphone-Markt tummelt sich eine Vielzahl von Marken und Betriebssystemen, die allesamt dem Benutzer die digitale Welt erschließen.

Ihre Besitzer lassen sich von momentanen Werbeeffekten der jeweiligen Marken bezüglich des Preises leiten. Sie legen höchsten Wert darauf, ein Smartphone zu besitzen, aber kategorisieren diese Vorliebe nicht differenziert.

Darüber hinaus gibt es Smartphones und Software von Kleinanbietern, die auf spezielle Nerds abzielen. Sie sind zum Teil ebenso markengläubig wie die Apfel-Jünger, kennen sich mit ihren Devices jedoch bedeutend besser aus.

## Der Handy-Verweigerer:

Er hat weder Smartphone noch ein normales Mobiltelefon, sondern hat sich entschieden, sich nicht dem Druck ständiger Verfügbarkeit zu beugen. Er hat ein Festnetztelefon, noch ganz ohne Anrufbeantworter, und ist kaum zu erreichen, weil er natürlich auch selten zu Hause, sondern in der freien Natur oder mit seinen Freunden unterwegs ist. Denn der Handy-Verweigerer ist kein Einzelgänger – er beschränkt jedoch seinen Freundeskreis auf eine Handvoll engster Vertrauter, die genau wissen, wann er wo in welchem Stammlokal oder an welcher Örtlichkeit anzutreffen ist.

Der Handy-Verweigerer ist zuverlässig, manchmal etwas esoterisch (Handy-Strahlung!) unterwegs. Auf jeden Fall ist er jedoch jemand, auf den man sich immer verlassen kann.

## Sonderfall: das Handy im Used-Look:

Während ein Handy auf 1000 unterschiedliche Arten gepflegt sein kann, ist jedes Handy auf eine ganz spezielle Art kaputt. Während Anfang der 2010er-Jahre ein zerkratztes und ungepflegtes Smartphone ähnliche Schlussfolgerungen über den Besitzer nahelegte, ändert sich diese Sichtweise derzeit. Vielmehr zeugt ein individuell gesprungenes Display auch von einer besonderen Individualität. Der Besitzer eines Handys im Used-Look lässt sich nicht in vorgefertigte Schablonen pressen. Gerade Apfel-Typen erobern sich so derzeit ein Stück Eigenständigkeit zurück.

# Ja, mir san mit'm Radl da …

## Was das Fahrrad über den Fahrenden erfahren lässt …

Auch das Fahrrad hat wie das Handy schon längst seine Außenwirkung vom Drahtesel als Transportmittel infolge finanzieller Not hin zum Prestigeobjekt verändert. Es ist Ausdruck eines bestimmten Lebensstils geworden. Man kann am Fahrrad erkennen, was dem Besitzer wichtig ist, und manchmal sogar, um welche Art Temperament es sich handelt.

Laut ADAC lag der Anteil der Fahrradfahrer an den Verkehrsteilnehmern zum Beispiel in Berlin 2013 bei 14 Prozent. Der Anteil steigt weiter an. Und die Marken- und Artenvielfalt ist dabei beinahe genauso groß wie die Anzahl der verschiedenen Charaktere.

Das Fahrrad bietet dem Käufer auch eine perfekte Plattform, um eine Einstellung auszuleben und nach außen zu zeigen. Zumindest vermeintlich. Denn ab und zu stellt sich zu Recht die Frage, warum jemand mit der Profiausrüstung eines Mountainbikes nur im Stadtverkehr unterwegs ist. Die Antwort darauf ist dieselbe wie auf die Frage, warum man in der Stadt einen Geländewagen fährt. Es geht eben um das Ausleben einer bestimmten Vorstellung oder darum zu zeigen, dass das eigentlich das Leben wäre, in dem man sich wohlfühlen würde. Das heißt, es werden nicht nur Einstellungen, sondern auch Wunschvorstellungen mit der Wahl des Vehikels zum Ausdruck gebracht. Und das ist wahrscheinlich auch das Schöne daran. Man kann das kaufen, was man gerne leben würde, und kommt auf diese Art und Weise seinem Traum etwas näher.

## Mountainbike:

Derjenige, der sich für das Mountainbike entscheidet und nur selten dazukommt, es in den Bergen zu nutzen, zeigt trotzdem seine Einstellung zum Leben. Denn dieser Mensch sucht eigentlich die Ruhe und den Frieden in der Natur. Und deshalb ist ihm die Wirkung auf andere meistens relativ egal.

Er ist ein robuster Macher und scheut sich nicht, sich auch mal die Finger schmutzig zu machen. Sachorientierte Lösungen wie die Wäscheklammer am Hosenbein, damit sich die Hose nicht am Kettenblatt beschmutzt, zeichnen ihn ebenso aus wie Spontanität in Beruf und Freizeit, wo er sich häufig zu unkonventionellen Aktionen hinreißen lässt.

Daneben gibt es die völlig unreflektierten Fahrradkäufer, für die einfach nur klar ist, dass das nächste Fahrrad ein Mountainbike sein muss, ganz egal ob das nun Sinn macht oder nicht. Durch den Kauf des momentan angesagten Fahrrads fühlen sie sich chic und zugehörig. Sie sind generell anfällig für Produkte mit der Zusatzbezeichnung »Sport«, die ihnen das Gefühl von Fitness suggeriert.

## Rennrad:

Das Rennrad steht für Schnelligkeit, Funktionalität und Klasse. Der Fahrer dieses Rades ist auch meistens im Leben ein »schneller Mensch«. Alles muss funktionieren und am besten schnell. Meistens sieht man die Eigentümer eines solchen Fahrrades nicht nur auf der Straße, sondern auch im Leben auf der Überholspur.

Der Nachteil dieses Charakters ist zuweilen, dass er weder auf sich selbst noch auf andere allzu viel Rücksicht nimmt bzw. nehmen kann. Er muss vorwärtskommen, und das schnell. Ganz konkret heißt das, dass manchmal eben auch Staus in Kauf genommen werden müssen, wenn der Rennradfahrer auf der Straße fahren muss, weil die Steinchen auf dem Fahrradweg seine Reifen beschädigen könnten.

## Das Nostalgiker-Rad:

Er hat Zeit und zeigt das auch den anderen. Nicht nur durch die Wahl seines Fahrrades, sondern auch durch seinen Fahrstil beziehungsweise die Zeit, die in die Pflege des Drahtesels gesteckt wird. Das Fahrrad ist für diesen Menschen eine Persönlichkeit, um die man sich kümmern muss. Verblüffend ist daran, dass auch dieser Fahrrad-Typ dem gesunden Egoismus des Rennradfahrers relativ nahe kommt, ohne dass man es zuerst vermuten mag. Aber es kommt zuweilen vor, dass zum Beispiel der Abstellort für das geliebte Fahrrad so lange gesucht werden muss, bis der perfekte gefunden ist. Und dabei ist es dem Besitzer relativ egal, ob er deswegen zu spät kommt oder nicht.

Egozentrik und Detailverliebtheit sind Merkmale seiner Persönlichkeit, die durch das Nostalgierad zur Schau gestellt werden. Er inszeniert seine Individualität, um aufzufallen. Belehrend und sthenisch wird er nicht müde, von seinen stilsicheren Einstellungen zu berichten.

# Jeder Popel fährt 'nen Opel

## Was das Auto über den Charakter verrät ...

Gerade aus der Wahl der Autos lassen sich zahlreiche Rückschlüsse auf den Halter ziehen – die Marken wollen wir dabei einmal ganz außen vor lassen. Schon allein der Typ und die Farbe verraten mehr über einen Menschen als ein tiefer Blick in seine Augen. So gibt es eine fast 90-prozentige Trefferquote, wenn es um die Frage geht, um welche Persönlichkeit es sich handelt. Es ist beinahe so, als hätte sich diesbezüglich eine Tradition entwickelt, von der nur die Allerwenigsten abzuweichen wagen.

Doch bevor wir uns der Farbe und dem Fahrzeug-Typ zuwenden, werfen wir noch einen kurzen Blick auf die Prioritäten, die beim Autokauf gesetzt werden.

## Der Kauf

### Der Techniker:

Was die Ursachen für eine bestimmte Auswahl betrifft, gibt es extreme Unterschiede: Es gibt diejenigen, die ihr Auto aufgrund rein technischer Fakten aussuchen. Es geht nicht um Vorzeigen oder nicht – es geht um die perfekte Funktionalität. Der Techniker beschäftigt sich gerne intensiv und sehr ausdauernd mit dem Neuerwerb, um dann ein auf seine Bedürfnisse abgestimmtes Gerät zu kaufen, das meistens auch sehr gut an die finanziellen Möglichkeiten angepasst ist. Hier wird nichts dem Zufall überlassen. Gerade auch dem Sicherheitsaspekt wird viel Aufmerksamkeit entgegengebracht.

Natürlich gibt es in diesem Personenkreis auch die ganz extremen Formen, die gerne bereit sind, für die neueste Technik sehr viel zu bezahlen.

Alles in allem handelt es sich hier aber generell um einen planenden und vorausdenkenden Menschen, der nichts gerne dem Zufall überlässt. Aussehen und Außenwirkung sind in diesem Fall oft völlig uninteressant und werden deswegen kaum beachtet. Das Wissen allein, hier eine der technischen Neuheiten zu besitzen, reicht völlig aus. Der Techniker hat seine eigenen Wertvorstellungen und legt dabei ein großes Augenmerk auf Qualität. Man kann auf ein gutes Selbstwertgefühl schließen, das nicht nach Bestätigung von außen sucht.

Es kann diesem Typ Mensch öfter passieren, dass er sich in seiner Welt verliert und dann Probleme damit hat, konkrete Entscheidungen zu treffen.

## Der Ästhet:

Der Ästhet fällt die Kaufentscheidung fürs neue Auto nur nach der Außenwirkung. Hier stellt sich die Frage, ob mit den auffälligen Prestigeobjekten mangelndes Selbstwertgefühl kompensiert werden muss oder ob das sehr gesunde Ego nur noch Ausdruck im Detail findet.

Hauptsache ist in beiden Fällen die Aussage und Wirkung des Autos. Das kann entweder darin enden, dass nur Marken gekauft werden, die einen ganz bestimmten Lebensstandard spiegeln, und zwar so, dass sich auch gleich jede Frage danach erübrigt. Oder aber die Botschaft der Markenidentität soll das Gegenteil übermitteln, zum Beispiel dass man Wert auf einen individuellen und freien Lebensstil legt und nicht in eine bestimmte Kategorie gepresst werden möchte.

Egal welcher Weg gewählt wird: Beide Typen wissen genau um die Wirkung. Ihr Auto repräsentiert ihre Lebenseinstellung. Und genau darum soll es auch gehen – man zeigt, wer man ist. Andere Kriterien spielen eine eher untergeordnete Rolle.

Das Ergebnis ist das gleiche, aber die Persönlichkeiten, die dahinterstehen, sind grundverschieden.

## Die Autofarbe

Ob Techniker oder Ästhet – beide müssen sich für eine Farbe entscheiden. Und die verrät ziemlich viel ...

### Orange/Gelb:

Orange oder gelbe Autos stehen für Dynamik, Sportlichkeit und Optimismus. Die Fahrer wollen auffallen und tun dies auch manchmal durch ihren Fahrstil.

Leistung und Überlegenheit im Straßenverkehr kompensieren oft nicht erfolgte Karriereschritte im Berufsleben. Durch die Überlegenheit ihres Fahrzeuges werden Defizite der eigenen persönlichen Struktur ausgeglichen.

### Rot:

Wer sich für ein rotes Gefährt entscheidet, zeichnet sich durch Impulsivität, Selbstbewusstsein, aber auch Aggression aus. Oder aber ganz im Gegenteil: nämlich durch das Streben nach Sicherheit. Rote Autos werden im Dunkeln viel besser gesehen und sind daher bedeutend seltener in Unfälle verwickelt. Es gibt viele Menschen die sich aus Sicherheitsgründen für die Signalfarbe Rot entscheiden und damit aus einer vollkommen anderen Motivation heraus handeln.

Beide Käufer eines roten Autos haben eins im Sinn: Sie wollen auffallen, sich bemerkbar machen und nicht in der amorphen Masse der Gesellschaft untergehen. Durch die Wahl einer Signalfarbe äußern sie laut und deutlich ihre Bedürfnisse, die gefälligst gesehen und erfüllt werden sollen.

### Blau:

Fahrer blauer, gerade dunkelblauer, Autos wollen nicht auffallen und im Grunde ihre Ruhe finden. Sie zählen zu den vernünftig und defensiv fahrenden Menschen, die versuchen, möglichst ohne Blessuren durch den Verkehr zu kommen.

Ihre Grundstruktur ist ruhig kooperativ und kompromissbereit, sie legen Wert auf Harmonie und Fairness. Es liegt ihnen fern, sich durch Konfrontation hervorzutun.

Wird ein hellerer Blauton gewählt, kommt zu dieser grundlegenden Persönlichkeitsstruktur eine verträumte Note hinzu.

## Grün und Braun:

Grüne und braune Autos signalisieren Bodenständigkeit. Das Auto dient in diesem Fall nicht als Vehikel für das Ego. Es geht darum, dass es funktioniert und den Fahrer sicher und zuverlässig von A nach B bringt.

Die Besitzer grüner oder brauner Autos sind auf dem Boden geblieben und sehr pragmatisch veranlagt. Sie schätzen die Zuverlässigkeit ihres Vehikels ebenso wie die Zuverlässigkeit anderer Menschen. Dabei sind sie selbst äußerst pflichtbewusst und erwarten dies auch von anderen.

Der Fahrer eines grünen oder braunen Autos verhält sich defensiv und legt keinerlei Wert darauf aufzufallen.

## Silber und Grau:

Silber und Grau stehen für Eleganz und Hochleistungstechnik. Deshalb kann man diese Farben meist an neuen Modellen technikbegeisterter Menschen finden. Sie wollen nicht auffallen und trotzdem eine gewisse Exklusivität ausstrahlen. Manchmal geschieht diese Farbwahl aber auch nur unter dem Aspekt zu wissen, dass man bei ihr im Grunde auch gar keine Aussage treffen kann.

### Schwarz:

Schwarz assoziiert eine Aufwertung. Deshalb sieht man sehr häufig vor allem Kleinwagen in Schwarz. Obwohl diese Farbe Dinge eigentlich optisch kleiner wirken lässt, als sie sind, hat sie eine große Wirkung auf das Unterbewusstsein: Sie macht stark und mächtig. Schwarze Autos wirken deshalb automatisch größer, selbstbewusster und autoritärer als vergleichbare Autos in allen anderen Farben.

Häufig wählen Käufer schwarzer Autos diese Farbe auch aufgrund ihrer Sehnsucht nach Eleganz, Sachlichkeit und Modernität. Sie wollen nicht durch grelle Farben auffallen. Schwarz dagegen ist eine Farbe der Eindeutigkeit und Seriosität, Würde und Eleganz. Es steht für sie zusätzlich für Kreativität, da Schwarz die Farbe des Nichts ist und aus dem Nichts alles entstehen kann.

### Weiß:

Weiß ist mittlerweile eine Trendfarbe und steht für Sportlichkeit und Innovation. Oft sieht man junge Menschen, die sich für ein weißes Auto entschieden haben. Ganz im Gegensatz zu früher, denn da war das einzige Argument für ein weißes Auto die Sicherheit.

## Fahrzeug-Typ

Wichtiger jedoch noch als die Autofarbe ist natürlich der Fahrzeug-Typ, denn er verrät so einiges über seinen Fahrer …

### Sportwagen:

Der Sportwagenfahrer unterstreicht seinen sowieso schon im Überfluss vorhandenen Sexappeal mit diesem Gefährt.

Er weiß, dass laut einer britischen Studie der University of Wales Sportwagenfahrer von Passanten auf der Straße als attraktiver wahrgenommen werden. Es ist ihm ein Anliegen, seine Omnipotenz auf der Straße zu zeigen, sodass sie jeder sehen und hören kann.

Mit seinem Durchsetzungsvermögen, seiner Dynamik und Motivation bekommt er, was er will, wann er es will.

Seine Fahrzeugwahl ist bewusst und emotional geprägt. Nicht selten personifiziert er sein Gefährt und hebt durch den Besitz sein Selbstwertgefühl.

Der Fahrer des Sportwagens zeichnet sich durch Zuverlässigkeit und Zielstrebigkeit aus, ist aber gleichzeitig oft auf seinen Vorteil bedacht. Es ist ihm also wichtig, dass zunächst seine Bedürfnisse befriedigt werden, sei es durch Karrieresprünge oder auch Affären. In beiden Fällen kann man dabei auch seine Skrupellosigkeit zu spüren bekommen. Das stört den Pfau mit den bunten Federn aber eher weniger.

### Coupé:

Nur dem wahren Enthusiasten erschließt sich der Grund dafür, zusätzliches Geld für weniger Türen beim Autokauf auszugeben. Der Fahrer des Coupés besticht durch seine Fachkenntnis und taucht tief in die Materie seines Gefährts ein.

Als Beziehungstyp schätzt er die Zweisamkeit, ohne sich auf weiteren Ballast einzulassen. Geplante Kurztrips über das Wochenende in Wellnesshotels sind seine Leidenschaft. Er brüstet sich mit seiner Weltläufigkeit und seinem Sinn fürs Schöne.

### Cabrio:

Der Cabriofahrer bringt in seiner Autowahl sein Unabhängigkeitsbedürfnis zum Ausdruck. Beim ersten Sonnenstrahl öffnet er sein Verdeck und rast der Freiheit entgegen. Dabei fühlt er sich unbeschreiblich und besitzt die Fähigkeit, seine etwas alberne Außenwirkung auszublenden.

Im Grunde genommen ist er ein biederer, verlässlicher, zur Langeweile neigender Geselle, der oft nur in seinen Träumen das verkörpert, was er zu sein glaubt. Er hat ein hohes Geltungsbedürfnis und möchte trotz seiner Biederkeit als Macher und »cooler Typ« wahrgenommen werden. Er legt Wert auf Komfort und lässt bei zu großer Hitze schon mal das Dach zu, um dann die Klimaanlage einzuschalten.

## Der Kleinwagen:

Die Art von Auto, aus der sich am wenigsten über den jeweiligen Fahrer ablesen lässt. Der günstige Zweitwagen der Gattin, das Rentnerauto, das Einsteigermobil für den Sohnemann – der Kleinwagen ist praktisch und hat vielen Bevölkerungsgruppen etwas zu bieten.

Sein Fahrer ist demnach der Pragmatiker, der sich nichts anderes leisten will oder kann – das heißt jedoch nicht, dass er nicht insgeheim vom rasanten Sportwagen träumt. Hinweis darauf können Racing-Streifen sein, die von der Sehnsucht zeugen, dass aus dem kleinen einmal ein ganz großer Flitzer wird.

## Kombi:

Das Familienauto. Der Kombifahrer ist ein zuverlässiger, rationaler und praxisorientierter Autofahrer mit Familiensinn und hoher emotionaler Intelligenz.

Er liebt gutes Essen und kennt immer den richtigen Wein dazu, den er auch gerne mit seinem Kombi direkt beim Winzer abholt. Güte und Geduld zählen ebenso zu seinen Stärken wie Reiselust und sexuelle Experimentierfreudigkeit. Mit Aufmerksamkeit und Romantik spielt er sich leichtfüßig in die Herzen potenzieller Partner. Seine Leidenschaften genießt er gerne in komfortabler Umgebung. Um dies zu gewährleisten, braucht er stets Transportkapazität.

Mit diesem guten Leben geht allzu oft auch eine gewisse Gewichtsproblematik einher, da er gerne auch mal ohne Hunger isst und ohne Durst trinkt.

## Kleinbus:

Stellt die optimale Fortbewegungsmöglichkeit für Familien und Kleingruppen dar. Der Kleinbusfahrer verfügt über einen großen Freundes- und Bekanntenkreis. Er hat zahlreiche Hobbys und ist sowohl beruflich als auch in seiner Freizeit körperlich aktiv. Die Familie ist ihm wichtiger als Statussymbole, er liebt die Geselligkeit und ist spontan und flexibel.

Seinen Antrieb erfährt er aus seiner Bodenständigkeit – auf ihn kann man sich verlassen. Sein Motto lautet: »Handeln – nicht reden.« Er scheut keine Herausforderungen, ist handfest und meidet oberflächliches Geplänkel. Dabei ist er scharfsinnig, gütig und lebhaft.

In der Partnerschaft ist er eigentlich treu, außer das Unbekannte reizt ihn.

## Limousine:

Gerne versteckt er sich im Getümmel der Masse und achtet penibel darauf, dass in seinem Umfeld alles in Ordnung ist. Er vermeidet Risiken und hat eine hohe Affinität zu Versicherungen. Er ist vernünftig, verbindlich und auch tolerant, wenn das Fremde ihm nicht zu nahe kommt.

Seinem Partner bietet er Verlässlichkeit und Sicherheit, er legt aber Wert auf klassische Rollenverteilung. Eine unveränderliche Tagesstruktur schätzt er ebenso wie Spieleabende mit Freunden. Konflikte sind ihm unangenehm, sodass er bei aufkeimenden Spannungen beschwichtigend und ausgleichend wirkt.

Gewöhnlich ist er kein athletischer Typ, seine Vorliebe gilt eher der Kopfarbeit. Das kann sich sowohl in seiner Berufswahl als auch in seinen sexuellen Vorlieben äußern.

## Geländewagen:

Der Geländewagenfahrer ist ursprünglich, maskulin und technikaffin. Er weiß sich stets selbst zu helfen und findet für jedes Problem eine Lösung. Er ist der Fels in der Brandung. Instinktiv lässt er kaum Gefühle zu.

Er ist ruhelos und von Monotonie schnell gelangweilt. Bei Misserfolgen versinkt er in Selbstvorwürfen, da er Unzulänglichkeit nur schwer akzeptieren kann.

In der Partnerschaft braucht er seine Freiheit und hat nicht selten erhebliche Bindungsängste. Ihn langweilt die Routine, in der er permanent seine intellektuelle und körperliche Überlegenheit demonstrieren muss.

Mit Geld kann er weniger gut umgehen, der Bezug zum Umgang mit Finanzen fehlt ihm. Man kann mit ihm eine schöne und aufregende Zeit haben – Zukunftspläne sollte man mit ihm besser nicht schmieden.

## SUV:

Das Sport Utility Vehicle ist in den Augen der Besitzer die perfekte Mischung aus Geländewagen, Kombi und Reisefahrzeug. Es bietet eine angenehme Symbiose aus Komfort und offenen Möglichkeiten.

Die Besitzer sind zumeist Großstädter, die sich nur auf dem Asphalt bewegen und ihre 2-Tonnen-Gefährte zum Brötchenholen und für Fahrten in den Kindergarten benutzen. Zwar sind ihnen Ökonomie, Ökologie und Nachhaltigkeit theoretisch wichtig, bei der Wahl ihres Fahrzeuges gönnen sie sich davon bewusst eine Auszeit.

Allzu oft unterstreichen sie mit der Wucht ihres Gefährtes ihre Wichtigkeit und ihre Potenz. Sie betonen das Sicherheitsgefühl und den notwendigen Überblick in allen Lebenslagen. Als Möchtegern-Allrounder fehlt ihnen sämtlicher Sachverstand für die technischen Möglichkeiten ihres Gefährts, es geht ihnen hauptsächlich um das Blenden der Umwelt. Der SUV ist das geeignetste Fahrzeug, um auf der Straße zu posen.

## Der Oldtimer:

Gut situiert ist sein Besitzer in der Lage, sich ein Hobby zu leisten, das nicht alltäglich ist. Er liebt den Überfluss und das Besondere und versucht, sich mit exotischen Vorlieben über andere zu erheben. Viel Zeit und Mühe fließen in sein Hobby, die dann bei seiner Familie fehlen.

Mit dem Sammeln von Oldtimern hält er an einer Illusion fest, die es schon lange nicht mehr gibt. Manchmal wünscht er sich in eine Zeit zurück, die längst vergangen ist, aber aus seiner verklärten Sicht die bessere war.

Wertkonservativ ist er lieber zu Hause und beschützt seinen Besitz.

In der Partnerschaft ist er treu, zuverlässig und anhänglich. Seine sexuellen Fantasien reichen oft nur bis zum Wohnzimmer. Nicht selten wünscht er sich eine überaktive Partnerin, die ihn sowohl motiviert als auch stimuliert.

# Wer hat an der Uhr gedreht …

## Was die Art, die Zeit zu messen, über das Innenleben verraten kann …

Die Uhr ist das Symbol für Zeit. Sie zeigt an, in welchem Abschnitt eines Tages man sich befindet, und teilt einem mit, ob man früh dran, rechtzeitig oder zu spät ist. Das heißt, die Uhr misst nicht mehr nur die Zeit, mittlerweile kann ein Blick auf die Uhr reinen Stress bedeuten. Sie ist aber nicht nur Zeitmesser, sie steht auch als Symbol für die Lebenszeit an sich und den natürlichen Kreislauf zwischen Tag und Nacht, den sich abwechselnden Jahreszeiten und am Ende für die abgelaufene Zeit, den Tod.

Ursprünglich war jede Uhr rund, als Symbol für den immerwährenden Kreislauf der Natur. Mit dieser bildlichen Vorstellung werden auch viele Assoziationen verbunden. Eine stehen gebliebene Uhr steht zum Beispiel symbolhaft für den Tod. Aber auch viele Redewendungen orientieren sich am Bild der Uhr.

Wie man die Symbolik der Uhr deutet, ist von der Einstellung zum Leben und den jeweiligen Umständen abhängig. Für manch einen ist die ständig weiterlaufende Zeit mit Angst und Stress verbunden, für einen anderen steht sie für die schöne Zeit, die man in seinem Leben zur Verfügung hat.

Gleichzeitig ist die Uhr an sich aber auch ein Statussymbol und lässt auf den ersten Blick erkennen, in welcher finanziellen Lebenssituation ihr Träger ist oder einmal war – und das macht sie gerade für uns zum interessanten Anschauungsobjekt. Der Weg der Uhr, vom allgemeinen Zeitmesser hin zum Statussymbol begann 1504, als vermutlich Peter Henlein die erste Taschenuhr erfand. Von diesem Moment an war es den wohlhabenden Bürgern möglich, die Zeit, wann immer sie wollten, zu überprüfen. Sie mussten nicht mehr wie die anderen, die sich keine Taschenuhr leisten konnten, auf die Straße gehen, um einen Blick auf den Kirchturm zu werfen. Es war ein Privileg, einfach eine Uhr aus der Tasche zu ziehen und nachzusehen. Mit der Zeit wurde schon durch die Geste selbst signalisiert, dass es sich hier um einen sehr wohlhabenden Bürger handelt. Stellen wir uns also zunächst folgende Frage:

## Uhr - ja oder nein?

### Der Uhrenträger:

Auch wie jemand mit seiner Zeit umgeht, kann heutzutage sehr aufschlussreich sein. Die Fähigkeit, ob und wie man seine Zeit einteilt, ist inzwischen häufig der Gradmesser für Erfolg oder Misserfolg. Man kann es sich beinahe gar nicht mehr leisten, Zeit zu vertun, geschweige denn, sie einfach ungeachtet laufen zu lassen.

Der Uhrenträger legt deshalb Wert darauf zu wissen, wo er sich am Tag befindet und im übertragenen Sinne auch in seinem Leben. Er braucht ein Kontrollinstrument, das es ihm ermöglicht, seine Tagesstruktur und Taktung einzuhalten. Verlässlichkeit und Pünktlichkeit spielen in seinem Leben eine große Rolle.

### Der Uhrenverweigerer:

Menschen ohne Uhr sind meist sehr intuitiv gesteuert, freiheitsliebend und unkonventionell. Sie haben ein gutes situatives Gespür und organisieren ihren Tagesablauf nach praktischen Gesichtspunkten. Gekonnt stellen sie sich spontan auf neue Situationen ein und verfügen über ein hohes Selbstbewusstsein und eine ausgeprägte Kommunikationsbereitschaft. Sie vertrauen sich selbst.

Darüber hinaus schlagen sie oft auch beruflich Wege ein, von denen andere zurückschrecken. In der Partnerschaft treffen sie hochemotionale Entscheidungen und vertrauen dabei stets auf ihr Bauchgefühl, was sie zu äußerst lustbetonten und lebensbejahenden Menschen macht.

Ein gesunder Egoismus verhilft ihnen dazu, ihre stete Unpünktlichkeit gekonnt zu ignorieren. Nicht selten leidet ihr Umfeld unter dieser Eigenschaft.

## Die verschiedenen Uhrenmarken

Trägt jemand eine Uhr, dann sind gerade die Marken besonders aufschlussreich.

### Rolex:

Der Rolexträger polarisiert nicht nur durch seine Uhr, sondern auch durch sein gesamtes Auftreten. Sein Lebensstil ist extrovertiert und auffällig. Sein Erscheinungsbild in den Augen anderer ist ihm überaus wichtig. In allen Lebenslagen versucht er, eine gute Figur zu machen und sich selbst dabei zu gefallen. Er lebt nach der Devise »Der Stärkere überlebt« und setzt für sich und seinen Partner hohe Maßstäbe an.

Seine Uhr sieht er als Beweis für die Zugehörigkeit zu einer wohlhabenden Schicht, in der er seinesgleichen treffen will.

### Breitling:

Der Breitlingträger ist der sportliche Typ, der häufig auf elitären Sportveranstaltungen als unwissender Zaungast anzutreffen ist. Er fühlt sich progressiv, extravagant und jugendlich.

Seinem Hang zur Fliegerei versucht er, durch das Tragen dieser Uhr Ausdruck zu verleihen. Durch sein selbst erarbeitetes Vermögen ist er willens und in der Lage, nicht nur durch seine Uhr seinen erworbenen Status nach außen zu präsentieren.

Sein übersteigertes Selbstwertgefühl verschleiert ihm oft den Blick auf die Realität. Auf ihn kann man sich sowohl im Privaten als auch im Geschäftlichen getrost verlassen. Sein Wort gilt.

## Omega:

Die moderne James-Bond-Uhr steht für Individualität, Sportlichkeit und Authentizität. Der Träger einer solchen Uhr legt Wert auf sein Äußeres, wobei ihm Übertriebenheit und Prahlerei zuwider sind. Er hat seinen eigenen Stil und ist sich dessen bewusst und sicher. Gerade die Kombination aus lässiger Eleganz und technischer Perfektion, die in dieser Uhr zum Ausdruck kommt, spiegelt sein Ego auf adäquate Weise wider.

Genauso wie James Bond ist ihm ein überzeichneter Chauvinismus zu eigen.

## Cartier:

Diese Uhr wird nur vom kundigen Auge entdeckt. Der Träger dieser Uhr liebt das Understatement und klassische Zurückhaltung und Eleganz. Er ist eher der belesene, ruhige und unaufdringliche Charakter, der Klasse über Masse stellt.

Seinen qualitativen Anspruch hegt er auch in Bezug auf seine Partner- beziehungsweise Freundeswahl.

# Ringlein, Ringlein …

## Was Ringe über unsere Abgründe verraten …

Der Ring gilt schon seit über vielen Tausend Jahren als eine der beliebtesten Schmuckarten. Er ist als Schmuck für Arme, Finger und Beine weltweit verbreitet.

Symbolisch drückt der Ring über den geschlossenen Kreis eine Verbindung aus. Deshalb wird und wurde er schon immer als Zeichen dafür genutzt. Das galt vor allem früher bei religiösen oder politischen Vereinigungen. Heute dient er meistens als Symbol der Verbindung zweier Menschen in der Ehe.

Neben dieser symbolischen Wirkung transportiert jeder Ring zugleich eine individuelle Botschaft. Jeder kann sich seinen Ring, wenn er will, vollkommen einzigartig gestalten lassen. Und dabei sagen auch oft schon die Wahl des Materials beziehungsweise die künstlerische Gestaltung einiges über seinen Träger aus. Die Varianten sind dabei genauso mannigfach wie die Persönlichkeiten, die hinter ihrem Entwurf stehen.

Auffallend ist, dass wesentlich mehr Frauen Ringe tragen als Männer. Dieser Aspekt kann schon einiges über Bindungsfreude oder auch Bindungsängste aussagen. Gerne wird diese Tatsache auch als Hinweis auf ein unterschiedliches Bedürfnis nach Sicherheit und Verbindlichkeit gedeutet.

## Die Ringarten

Jede Ringart hat ihre eigene Bedeutung und gibt häufig sehr schnell Aufschluss über Persönlichkeit und Lebenssituation des Trägers.

### Verlobungsring:

Der Brauch des Verlobungsringes stammt aus der römischen Antike. Der Ring war damals das Zeichen dafür, dass die Mitgift empfangen worden war. Diese Ringe schmückte in der Regel ein Saphir, weil er durch seine blaue Farbe Treue symbolisierte. Und das entspricht auch der Bedeutung der heutigen Verlobungsringe – man signalisiert durch den Ring das Versprechen, die Ehe miteinander einzugehen, und verspricht damit gleichzeitig die gegenseitige Treue.

Wer der Person seines Herzens einen Verlobungsring ansteckt, ist in der Regel stark traditionell geprägt. Er hat einen Hang zur Romantik und glaubt fest an das Ammenmärchen der ewigen Treue.

Der Träger eines Verlobungsringes möchte seine Liebe und seine Gebundenheit nach außen demonstrieren. Für ihn ist es in der Regel wichtig, dass in der Größe und Stattlichkeit des Ringes deutlich zum Ausdruck kommt, dass die Partie, die er sich an Land gezogen hat, auch tatsächlich eine gute ist.

## Ehering:

Der wichtigste Ring als Symbol von Liebe, Treue und Verlässlichkeit ist der Ehering. Gerade hier ist die Form des Ringes zugleich die Botschaft selbst: Ein Ring ist unendlich und damit auch das Versprechen, das er in sich birgt und mit dem Ehegelöbnis verbalisiert wird.

Seit dem fünften Jahrhundert steht der Ring für die Zusammengehörigkeit zweier Menschen. Erst seit dem 11. Jahrhundert tragen beide Eheleute einen Ring, davor bekam nur die Frau einen Ring von ihrem Mann an den Finger gesteckt.

Die Träger eines Eheringes bekennen sich bewusst zueinander und wählen auch die Ringe gemeinsam aus. Häufig entscheiden sie sich für gleiche Ringe, um ihre Zusammengehörigkeit zu demonstrieren, individuellere Paare entscheiden sich meist für unterschiedliche Modelle.

Während Frauen den Ring häufiger für Tätigkeiten im Haushalt oder abends vor dem Zubettgehen ablegen, tragen Männer ihren Ring entweder gar nicht oder ständig.

Der Nichtringträger braucht kein Symbol für die Zugehörigkeit zu seiner Frau oder möchte sich einen Rest individueller Freiheit bewahren.

Der Dauerringträger wird eins mit seinem Ring, er legt ihn nie ab. Manchmal kommt es auch vor, dass er den Ring nach einigen Jahren guter Ehe auch schlicht und ergreifend nicht mehr ablegen kann.

## Freundschaftsring:

Der Freundschaftsring steht für die tiefe Verbundenheit zweier Menschen in einer Freundschaft und symbolisiert den gemeinsamen Weg, der gegangen wurde und noch gegangen werden soll. Er ist ein Versprechen, die Freundschaft zu ehren und aufrechtzuerhalten. Die Ringe sehen gleich aus und werden oft mit einer Gravur versehen. Sie stehen für den Zusammenhalt der beiden Menschen in allen Widrigkeiten des Lebens. Durch dieses Symbol können Freundschaften auch eine noch tiefere Bedeutung gewinnen.

Der Träger eines Freundschaftsringes verfügt über ein geringes Selbstbewusstsein und braucht sichtbare Symbole, um sich eines anderen Menschen sicher zu sein. Er strebt nach Sicherheit und Ordnung und beruft sich auf symbolische Versprechungen. Der Glaube an die eigene Selbstwirksamkeit ist gering ausgeprägt, es bedarf wiederkehrender äußerer Bezeugungen, um seine stete Unsicherheit zu befriedigen. Nicht selten fordert er trotz veränderter Umstände sein vermeintliches Recht ein.

## Taufring:

Der Taufring, der dem Täufling traditionell zur Taufe überreicht wird, hat seinen Ursprung im christlichen Glauben. Er soll vor Unheil bewahren und die ewig währende Verbindung zwischen dem Gläubigen und Gott signalisieren. Da die Taufe meist im Säuglingsalter vorgenommen wird, hängt der Ring an einer Kette, um nicht verschluckt zu werden. Meistens wird der Ring das gesamte Leben getragen.

Der Träger wächst oft in einem sehr traditionsbewussten und konservativen Umfeld auf und adaptiert diese Einstellung unbewusst von Anfang an. Im besten Falle wird er zum Hüter des Feuers und nicht zum Bewacher der Asche. Diese

Familientradition wird über Generationen hinweg weitergegeben, ohne hinterfragt zu werden.

### Der Siegelring:

Siegelringe sind seit der Antike bekannt und stehen für Macht und Autorität. Sie wurden früher dazu verwendet, wichtige Schriftstücke zu verschließen und ihre Echtheit zu bezeugen. Dafür wurde der Ring mit dem familieneigenen Wappen in das flüssige Wachs gedrückt.

Auch heute noch weist dieser Ring auf die Herkunft und Geschichte einer Familie und damit auch auf deren Stand hin.

Träger des Siegelringes halten sich für elitär und es für unglaublich wichtig, ihrem Umfeld den Besitz eines Familienwappens mitzuteilen. Damit wollen sie sich bewusst von der breiten Masse abheben und ihrem Stand und ihrer exponierten Stellung Nachdruck verleihen.

Als besonderes Zeichen dient der Siegelring auch den Absolventen bestimmter Einrichtungen wie Universitäten oder militärischer Einheiten.

Besonders im Mittelalter und der Renaissance waren die sogenannten Giftringe sehr beliebt, die den Siegelringen besonders ähnlich sehen. Es handelte sich um Ringe mit einem Behältnis, das geöffnet werden konnte und in dem sich Gift befand. Dem Träger wurde dadurch eine perfide Macht zuteil, die ihn über Leben und Tod entscheiden ließ.

## Machart des Ringes

Doch durchaus nicht jeder Ring verfügt auch über eine klare Funktion. Wird der Ring als reines Schmuckstück getragen, kann man trotzdem durchaus von Aussehen und Machart auf den Charakter des Trägers schließen.

## Der hochwertige, extravagante Ring:

Extravagante Stücke zeigen zum einen ein gutes Gespür der Person für den Mix aus Materialien und Verarbeitung. Zum anderen weisen sie aber auch auf ein selbstbewusstes Ego hin, das gerne die Blicke anderer auf sich zieht.

Der Träger eines solchen Ringes steht gerne im Mittelpunkt und fällt auf. Man kann ihm eine gewisse Exzentrik zuschreiben. Allerdings sind die Träger derartiger Ringe durchaus fähig, die Aufmerksamkeit, die sie für sich selbst so schätzen, mit anderen zu teilen.

Sie sind experimentierfreudig und Neuem gegenüber aufgeschlossen.

## Der Modeschmuck-Ring:

Der modische Typ legt dagegen weniger Wert auf Verarbeitung oder Wert der Materialien. Es geht darum, den letzten Schrei der Modeszene zu ergattern. Dabei ist er allen Trends gegenüber aufgeschlossen und trägt, was angesagt ist.

Solange derjenige seine Unabhängigkeit behält und nach eigenem Geschmack auswählt, kann man durchaus von einem Freigeist in puncto Selbstdarstellung reden. Schwierig wird es, wenn einfach alle gerade geltenden Modeerscheinungen mitgemacht werden, egal wie es aussehen mag. Oft handelt es sich bei diesem Typ um einen Menschen, der schnelllebig seinen Weg geht und einer Sache dabei genauso schnell den Rücken kehrt, wie er sich ihr zugewandt hat. Es geht ihm nicht um Beständigkeit, sondern um Neugierde. Sich selbst immer wieder aufs Neue zu entdecken und dabei selbst zu erfinden ist es, was diesen Typ antreibt.

## Der klassische Ring:

Ganz im Gegensatz dazu stehen diejenigen, die sich für dezente, klassische Stücke entscheiden. Die meisten Ringe stammen in diesem Fall aus altem Familienbesitz und sind, auch was ihr Aussehen betrifft, zeitlos und unauffällig.

Der oder die Trägerin vermitteln dabei stilvolle Eleganz und Zurückhaltung. Es ist nicht immer leicht, einen Blick auf die Persönlichkeit dieser Menschen zu werfen. Denn dieselbe Zurückhaltung, die sie bei der Auswahl ihrer Ringe walten lassen, gilt auch für ihr Wesen. Es liegt nicht in ihrem Interesse, andere schnell oder zu tief in ihr Innerstes blicken zu lassen. Dieses Privileg behalten sie einem ganz bestimmten und sehr gut ausgewählten Personenkreis vor.

## Der einzelne Ring:

Und zuletzt gibt es noch den »Weniger ist mehr«-Typ. In diesem Fall wird zum Beispiel nur ein Ring ausgewählt, der dem Gesamterscheinungsbild entspricht. Der eher zurückhaltende Mensch möchte gar nicht unbedingt auffallen; wenn überhaupt, will er unterstreichen.

Das muss aber nichts mit einem geringen Selbstbewusstsein zu haben – im Gegenteil. Häufig stehen hinter dieser Schmuckauswahl sehr selbstsichere Personen, die nicht durch ein Schmuckstück von ihrer Persönlichkeit ablenken wollen. Sie fühlen sich wohl in ihrer Haut und zeigen das auch. Sie benötigen keine großartige Verschönerung in Form von auffälligen Accessoires, sondern genügen sich selbst, so wie sie sind.

Eine zweite Motivation für die schlichte Form des Ringes ist aber manchmal auch einfach reiner Pragmatismus. In bestimmten Berufen, Hobbys oder auch wenn Kinder im Spiel sind, fällt die Entscheidung eher auf die schlichte, aber robuste Variante, um den Schaden zu begrenzen.

# Ein paar Worte zum Ausklang

Charakterisierungen auf Grundlage einzelner Merkmale sind immer ein wenig verkürzt und treffen möglicherweise nicht jeden Einzelnen exakt. Trotzdem findet sich wohl jeder innerhalb der Typisierungen wieder.

Die Kapitel sind mit einem Augenzwinkern geschrieben, ohne jemandem zu nahe treten oder verletzen zu wollen. Schließlich ist es doch gerade die Vielfalt, die sich über die Gleichmacherei hinwegsetzt und eine bunte, unverwechselbare, liebenswerte und einzigartige Gesellschaft schafft, in der auch kauzige Zeitgenossen eine Nische finden können und jeder nach Möglichkeit sein Pläsierchen ausleben kann.

Denn erst persönliches Glück und Zufriedenheit schützen uns vor psychiatrischen Krankheiten wie Burn-out oder Depressionen, und es ist unsere ureigene Pflicht, uns wohlwollend um uns selbst zu kümmern.

Wir hoffen, Sie hatten so viel Spaß bei der Lektüre wie wir beim Schreiben.

Alles Gute!
Dr. Sebastian Friedrich und Anna Müller

# Über die Autoren

Die Pädagogin Anna Müller, Mutter eines Sohnes, beschäftigt sich seit Jahren mit der Beobachtung der Gewohnheiten der Menschen. In diesem Zusammenhang lernte sie den Psychiater Dr. Sebastian Friedrich kennen, der, niedergelassen in München, nicht nur als Arzt, sondern auch als Trainer und Psychotherapeut tätig ist.

Ihre Gemeinsamkeit, nämlich die Vorliebe für die Beobachtung anderer und die Analyse ihrer alltäglichen Vorlieben, brachte die beiden auf die Idee, ihre Erlebnisse und Erkenntnisse zusammenzuführen und in einem Buch niederzuschreiben.